दो शब्द

'सारे जहां से अच्छा हिन्दोस्तां हमारा
हम बुलबुले हैं इसकी यह गुलिस्तां हमारा'

यह तराना जब भी कोई गुनगुनाता है, वह वतनपरस्त हुए बिना नहीं रह पाता। इसे उर्दू-फारसी के मशहूर शायर अल्लामा इक़बाल ने लिखा है।

इक़बाल को उर्दू और फ़ारसी में इनकी शायरी को आधुनिक काल की सर्वश्रेष्ठ शायरी में गिना जाता है। बहुत से विद्वानों ने इकबाल को ग़ालिब के बाद सबसे महान शायर माना है।

आपकी पैदाइश 9 नवम्बर, 1877 में सियालकोट (अब पाकिस्तान) में हुई थी। उनके वालिद एक मामूली व्यापारी थे इसके बावजूद उन्होंने अपने दोनों बेटों को उर्दू, फारसी, अरबी और अंग्रेज़ी की तालीम दिलायी। इक़बाल के बड़े भाई अता मुहम्मद अपनी शिक्षा पूरी करने के बाद इंजीनियर बन गये, लेकिन इक़बाल ने सियालकोट से एफ.ए. करने के बाद लाहौर के गवर्नमेंट कॉलेज में दाखिला ले लिया और प्रोफेसर आर्नल्ड की देख-रेख में पाश्चात्य दर्शनशास्त्र को पढ़ा।

इक़बाल को शायरी का शौक़ स्कूली पढ़ाई के दौरान से ही था अक्सर वह अपनी शायरी उस समय के नामी शायर उस्ताद 'दाग़' के पास सुधार के लिए भेजा करते थे। बाईस साल की उम्र में इकबाल ने पहली बार अपने दोस्तों के कहने पर किसी मुशाइरे में अपना कलाम पढ़ा।

सन् 1899 में इक़बाल ने पंजाब विश्वविद्यालय से दर्शनशास्त्र में एम.ए. किया और पहले लाहौर के ओरिएण्टल कॉलेज में और फिर गवर्नमेंट कॉलेज में प्रोफेसर के पद पर पढ़ाना शुरू किया दो साल बाद नौकरी से इस्तीफ़ा दे दिया।

उन दिनों इक़बाल देशप्रेम और ब्रिटिश हुकूमत के विरोध में ही लिखा करते थे। उन्होंने भारत की पराधीनता और दरिद्रता के साथ ही साथ भारत प्राकृतिक सौन्दर्य पर

भी कलम चलाई। इक़बाल ‘सारे जहाँ से अच्छा हिन्दोस्ताँ हमारा’ के अलावा ‘लब पे आती है दुआ बन के तमन्ना मेरी’ और ‘शिक़वा’ तथा ‘जवाबे-ए-शिक़वा’ बेहद मशहूर रचनाओं में शामिल हैं। असरार-ए-ख़ुदी, रुमुज़-ए-बेख़ुदी, और बंग-ए-दारा, जिसमें तराना-ए-हिन्द शामिल है। फ़ारसी में लिखी इनकी शायरी ईरान और अफ़ग़ानिस्तान में बहुत मशहूर है, जहाँ इन्हें इक़बाल-ए-लाहौर कहा जाता है। इन्होंने इस्लाम के धार्मिक और राजनैतिक दर्शन पर काफ़ी लिखा है। ये इक़बाल ही थे जिन्होंने सबसे पहले इन्कलाब शब्द का इस्तेमाल राजनीतिक और सामाजिक बदलाव के लिए किया उन्होंने ही सबसे पहले उर्दू शायरी को क्रांति की विषय-वस्तु बनाया। जो जाहिर है आज की नौजवान पीढ़ी को राह दिखाएगी।

उर्दू फारसी के इस मशहूर शायर का इंतकाल सन् 1938 में 65 साल की उम्र में हो गया था जिन्हें लाहौर के बादशाही मस्जिद के बराबर में दफन कर दिया गया। इकबाल आज भी हर दिल के अज़ीज बने हुए हैं और आगे भी बने रहेंगे. इसीलिए उन्होंने कहा है -

“ख़ुदी को कर बुलंद इतना कि हर तक़दीर से पहले
ख़ुदा बंदे से ख़ुद पूछे बता तेरी रज़ा क्या है”

-संपादक
नरेंद्र गोविन्द बहल
narendergovindbehl@gmail.com

उर्दू के मशहूर शायर

इक़बाल

और उनकी चुनिंदा शायरी

सम्पादक

नरेंद्र गोविंद बहल

डायमंड बुक्स

www.diamondbook.in

प्रकाशक: **डायमंड पॉकेट बुक्स (प्रा.) लि.**

X-30 ओखला इंडस्ट्रियल एरिया, फेज-II

नई दिल्ली- 110020

फोन : 011-40712200

ई-मेल : sales@dpb.in

वेबसाइट : www.diamondbook.in

Urdu Ke Mashhoor Shayar Iqbal Aur Unki Chuninda Shayari

Ed. By - *Narender Govind Behl*

प्रकाशकीय

नरेन्द्र गोविन्द बहल उर्दू और हिन्दी कविता में गहन रुचि रखते है जिसके कारण उन्होंने अधिकतर मुशायरों व कवि सम्मेलनों में शिरकत की थी, इन्हीं आयोजनों की वजह से उन्हें साहित्य लेखन का भी शौक पैदा हुआ। लेखक की विभिन्न विषयों पर अब तक 60 से अधिक पुस्तकें प्रकाशित हो चुकी हैं। लालकिले में होने वाले कवि सम्मेलन और मुशायरों से कविता-शायरी के प्रति प्रेम बढ़ा और वहीं से उन्होंने उन्हें कविता लिखना भी प्रारंभ कर दिया था। कविता, गीत, गजल, शायरी को समझने के लिए उर्दू के मशहूर शायरों के जीवन के बारे में जानने के लिए उर्दू भाषा सीखी।

जब लेखक साहिर लुधियानवी, कैफ़ी आज़मी, जान-ए-सार अख्तर, अली सदार जाफरी, मजाज, नरेश कुमार 'शाद' आदि शायरों से मिले तो उनका पाठकीय दृष्टिकोण बदलने लगा और उन्होंने गालिब, फैज़, जफ़र, दाग आदि रचनाकारों को भी पढ़ना शुरू किया। इन शायरों को पढ़ते हुए लेखक के मन में एक उत्साह पैदा हुआ कि इन शायरों की पुस्तकें संपादित की जाएं। यह पुस्तक भी इसी उत्साह का नतीजा है।

डायमंड बुक्स प्रस्तुत करता है उर्दू के मशहूर शायर और उनकी चुनिंदा शायरी। इस सीरीज़ में नये पुराने शायरों की प्रसिद्ध एवं चुनिंदा शायरी का संकलन प्रकाशित किया है। इस सीरीज की प्रमुख पुस्तकें इस प्रकार हैं :-

फ़ैज़	**ग़ालिब**	**निदा फाजली**
क़तील शिफ़ाई	**अख़्तर शीरानी**	**बशीर बद्र**
जोश मलिहाबादी	**ज़ौक़**	**बेकल उत्साही**
शक़ील बदायूंनी	**अकबर इलाहाबादी**	**परवीन शाकिर**
मीर	**नज़ीर अकबराबादी**	**कैफ़ी आज़मी**
मोमिन ख़ां 'मोमिन'	**फ़िराक़ गोरखपुरी**	**जाँ निसार अख़्तर**
साहिर लुधियानवी	**इफ़्तिख़ार आरिफ़**	**अली काज़मी**
मजाज़	**मजरुह सुल्तानपुरी**	**कुँअर बेचैन**
इक़बाल	**अहमद फराज**	**माणिक वर्मा**
ज़फ़र	**दर्द**	**अली सरदार जाफरी**
दाग़	**नरेश कुमार शाद**	**मिर्ज़ा रफ़ी 'सौदा'**
अदा जाफरी	**मुश्ताक अहमद**	**असग़र गोंडवी**
शाहेद मीर	**मंज़ूर हाशमी**	**चमन लाल चमन**
मुज़फ़्फ़र वारसी	**निश्तर ख़ानक़ाही**	**राम अवतार बैरवा**
वसीम बरेलवी	**हरिराज सिंह नूर**	**रामदरश मिश्र**
आलम ख़ुर्शीद	**अमजद इस्लाम अमजद**	**महताब हैदर नक़वी**
शहरयार		

मनीष वर्मा

manish@dpb.in

(1)

वही मेरी कम नसीबी, वही तेरी बे नियाज़ी
मिरे काम कुछ न आया यह कमाले-बे नवाज़ी

मैं कहां हूं तू कहां है यह मकां कि ला-मकां है
यह जहां मिरा जहां है कि तेरी करिश्मा-साज़ी

वो फ़रेब ख़ुर्दा-शाही कि पता हो करगसों[1] में
उसे क्या ख़बर कि क्या है रहो-रस्मे शाहबाज़ी

नहीं फ़ुक़्रो-सलतनत[2] में कोई इम्तियाज़ ऐसा
यह सिपिह[3] की तेज़बाज़ी[4] वह निगिह की तेज़बाज़ी

कोई कारवाँ से टूटा, कोई बद गुमां हरम से
कि अमीरे-कारवां में नहीं खाए-दिलनवाज़ी[5]

---

1. गिद्द 2. फ़क़ीरी और बादशाहत 3. सेना 4. तलवार बाज़ी 5. दिल लुभाने की आदत

(2)

या रब यह जहाने-गुज़राँ ख़ूब है लेकिन
क्यों ख़्वार हैं मर्दाने[1]-सफ़ाकेशो-हुनर मन्द

गो उसकी ख़ुदाई में महाजन का भी है हाथ
दुनिया तो समझती है फ़िरंगी[2] को ख़ुदा वन्द!

फ़िर्दोस[3] जो तेरा है किसी ने नहीं देखा
अफ़रंग[4] का हर क़रिया[5] है फ़िर्दोस के मानन्द

अपने भी ख़फ़ा मुझ से हैं बेगाने भी नाख़ुश
मैं ज़हरे-हलाहल[6] को कभी कह न सका क़न्द[7]

चुप रह न सका हज़रते-यज़दां[8] में भी 'इक़बाल'
करता कोई इस बन्दाए-गुस्ताख़ का मुँह बन्द!

---

1. कलाकार 2. अंग्रेज़ 3. स्वर्ग 4. अंग्रेज़ 5. टुकड़ा 6. तुरन्त प्रभाव करने वाला विष 7. मीठा 8. ख़ुदा के सामने

(3)

बहुत देखे हैं मैंने मश्रिको-मग़रिब के मय ख़ाने
यहां साक़ी नही पैदा, वहाँ बे ज़ौक़[1] है सहबा[2]

हुज़ूरे-हक़[3] में इस्राफ़ील[4] ने मेरी शिकायत की
यह बन्दा वक़्त से पहले क़यामत कर न दे बर्पा

दबा रक्खा है इसको ज़ख़्मादर की तेज़ दस्ती ने
बहुत नीचे सुरों में है अभी योरूप का वावेला

इसी दरिया से उठती है वो मौजे-तुन्द जौलाँ[5] भी
निहंगों के नशेमन जिससे होते हैं तहो-बाला[6]

---

1. बद मज़ा 2. शराब 3. खुदा के सामने 4. वह फरिश्ता जिसे सूर फूंकने से क़यामत होगी 5. तेज़ प्रकार की लहर 6. ऊपर-नीचे

(4)

मेहमाने-अज़ीज़

पुर है अफ़कार से इन मदरसे वालों का ज़मीर
ख़ूब-ओ-ना-ख़ूब की इस दौर में किसको तमीज़

चाहिए ख़ाना-ए-दिल की कोई मंज़िल ख़ाली
शायद आ जाए कहीं से कोई मेहमाने-अज़ीज़[1]
मजदूर को जाक

तालिबे-इल्म

ख़ुदा मुझे किसी तूफ़ां से आशना[2] कर दे
कि तेरे बहर[3] की मौजों में इज़्तराब[4] नहीं

तुझे किताब से मुमकिन नहीं फ़राग[5] कि तू
किताब-ख़्वां[6] है मगर साहबे-किताब[7] नहीं

औरत हज़ार बार हकीमों[8] ने इसको सुलझाया
मगर यह मसअला-ए-ज़न[9] रहा वहीं का वहीं

क़सूर ज़न का नहीं है कुछ इस ख़राबी में
गवाह उनकी शराफ़त पे हैं मह-ओ-परवीं[10]

फ़साद का है फ़िरंगी-मआशरत में ज़हूर
कि मर्द सादा है, बेचारा ज़न-शनास[11] नहीं

---

1. प्रिय अतिथि, 2. परिचित, 3. समुद्र, 4. बेचैन, व्याकुल, 5. अवकाश, 6. किताब पढ़ने वाला, 7. किताब वाला, 8. दार्शनिक, 9. औरतों की समस्या, 10. चांद और सितारा, 11. औरतों को पहचानने वाला।

(5)

बन्दा-ए-मज़दूर को जाकर मिरा पैग़ाम दे
ख़िज्र का पैग़ाम क्या है यह पयामे-कायनात

ऐ कि तुझको खा गया सरमायदारे-हीलागर[1]
शाख़े-आहू पर रही सदियों तलक तेरी बरात[2]

दस्ते-दौलत-आफ़री[3] को मुज़्द[4] यों मिलती रही
अहले-सरवत[5] जैसे देते हैं ग़रीबों को ज़कात[6]

नस्ल-क़ौमिय्यत, कलीसा, सल्तनत, तहज़ीब, रंग
ख़्वाज़गी[7] ने ख़ूब चुन-चुनकर बनाए मुस्करात[8]

कट मरा नादां ख़याली देवताओं के लिए
सुक्र[9] की लज़्ज़त में तू लुटवा गया नक्दे-हयात

मक्र की चालों से बाज़ी ले गया सरमायादार
इंतिहा-ए-सादगी में खा गया मज़दूर मात

उठ कि अब बज़्मे-जहां का और ही अंदाज़ है
मशरिक़-ओ-मग़रिब[10] में तेरे दौर का आग़ाज़ है

---

1. बहानेबाज़ धनवान, 2. थोड़ा अंश तुझे मिलता रहा, 3. रुपया कमाने वाला हाथ, 4. मज़दूरी, 5. धनवान लोग, 6. भीख, 7. राजापन, 8. नशीली वस्तुएं, 9. नशा, 10. पूरब और पश्चिम।

(6)

हिम्मते-आली तो दरिया भी नहीं करती क़बूल
गुंचासां[1] ग़ाफ़िल तिरे दामन में शबनम कब तलक

उठ कि यह बेदारि-ए-जम्हूर[2] है सामाने-ऐश
क़िस्सा-ए-ख़्वाब-आवरे-अस्कन्दर-ओ-जम कब तलक

आफ़ताबे-ताज़ा[3] पैदा बतने-गेती[4] से हुआ
आसमां डूबे हुए तारों का मातम कब तलक

तोड़ डाली फ़ितरते-इन्सां ने जंजीरें तमाम
दूरि-ए-जन्नत से रोती चश्मे-आदम कब तलक

बाग़बाने-चारा-फ़र्मा[5] से यह कहती है बहार
ज़ख़्मे-गुल के वास्ते तदबीरे-मरहम कब तलक

किर्मके-नादां[6] तवाफ़े-शम्अ[7] से आजाद हो
अपनी फ़ितरत के तजल्लीज़ार में आबाद हो

---

1. कली की भांति, 2. राष्ट्र की जागृति, 3. नवीन सूर्य, 4. संसार का पेट, 5. चिकित्सा करने वाला माली, 6. हे मूर्ख पतंगे, 7. दीपक के चारों ओर घूमना।

(7)

लब[1] पे आती है दुआ[2] बनके तमन्ना मेरी
ज़िन्दगी शम्अ की सूरत हो ख़ुदाया मेरी

दूर दुनिया का मेरे दम से अंधेरा हो जाए
हर जगह मेरे चमकने से उजाला हो जाए

हो मेरे दम से यूं ही मेरे वतन की ज़ीनत[3]
जिस तरह फूल से होती है चमन की ज़ीनत

ज़िन्दगी हो मेरी परवाने की सूरत या-रब
इल्म[4] की शम्अ से हो मुझको मुहब्बत या-रब

हो मेरा काम ग़रीबों की हिमायत करना
दर्दमन्दों से ज़ईफ़ों[6] से मुहब्बत करना

मेरे अल्लाह बुराई से बचाना मुझको
नेक जो राह हो, उस राह पे चलाना मुझको

---

1. होंठ, 2. प्रार्थना, 3. शोभा, 4. शिक्षा, 5. भलाई, 6. वृद्धों।

(8)

मजनूं ने शहर छोड़ा तू सहरा भी छोड़ दे
नज़्ज़ारे की हवस[1] है तो लैला भी छोड़ दे

वाइज़[2]! कमाले-तर्क[3] से मिलती है यां मुराद
दुनिया जो छोड़ दी है तो उक़बा[4] भी छोड़ दे

तक़लीद[5] की रविश[6] से तो बेहतर है ख़ुदकुशी
रस्ता भी ढूंढ़, ख़िज्र[7] का सौदा[8] भी छोड़ दे

है आशिक़ी में रस्म अलग सबसे बैठना
बुतख़ाना भी, हरम भी, कलीसा भी छोड़ दे

सौदागरी नहीं, ये इबादत ख़ुदा की है
ऐ बेख़बर! जज़ा[9] की तमन्ना भी छोड़ दे

अच्छा है दिल के साथ रहे पासबाने-अक़्ल[10]
लेकिन कभी-कभी इसे तनहा[11] भी छोड़ दे

---

1. वासना, आकांक्षा, 2. धर्मोपदेशक, 3. पूर्णतः त्याग, 4. परलोक, 5. अनुकरण, 6. विधि, 7 पथ-प्रदर्शक, 8. उन्माद, 9. प्रतिफल, 10. बुद्धि-रूपी रक्षक, 11. अकेला।

(9)

किया रिफ़अत[1] की लज़्ज़त[2] से न दिल को आशना[3] तूने
गुज़ारी उम्र पस्ती[4] में, मिसाले-नक़्शे-पा[5] तूने

फ़िदा करता रहा दिल को, हसीनों की अदाओं पर
मगर देखी न उस आईने में अपनी अदा तूने

तअस्सुब[6] छोड़ नादां, दहर[7] के आईनाख़ाने में
ये तस्वीरे हैं तेरी, जिनको समझा है बुरा तूने

दिखा दे हुस्ने-आलम-सोज़[8] अपनी चश्मे-पुरनम को
जो तड़पाता है परवाने को, रुलवाता है शबनम को

अगर देखा भी उसने सारे आलम को तो क्या देखा
नज़र आई न कुछ अपनी हक़ीक़त जाम से जम[9] को

शजर[10] है फ़िरक़ा-आराई, तअस्सुब है समर[11] इसका
ये वो फल है कि जन्नत से निकलवाता है आदम को

न उट्ठा जज़्बा-ए-ख़ुरशीद में इक बर्गे-गुल[12] तक भी
यह रिफ़अत की तमन्ना है कि ले उड़ती है शबनम को

---

1. ऊंचाई, 2. स्वाद, मज़ा, 3. परिचित, 4. ग़रीबी, 5. पैर के निशान की तरह, 6. पक्षपात, 7. युग, काल, 8. दुनिया को जला देने वाला सौन्दर्य, 9. जमशेद, ईरान का बादशाह, 10. वृक्ष, 11. फल, 12. फूल की पत्तियां।

(10)

ख़िरद[1] के पास ख़बर के सिवा कुछ और नहीं
तिरा इलाज नज़र के सिवा कुछ और नहीं

हज़ारों साल नरगिस अपनी बेनूरी[2] पे रोती है
बड़ी मुश्किल से होता है चमन में दीदावर[3] पैदा

ज़माने भर में रुसवा हूं मगर ऐ वाय-नादानी[4]
समझता हूं कि मेरा इश्क़ मेरे राज़दां तक है

राज़े-हस्ती[5] राज़ है जब तक कोई महरम[6] न हो
खुल गया जिस दम तो महरम के सिवा कुछ भी नहीं

माना कि तेरी दीद[7] के क़ाबिल नहीं हूं मैं
तू मेरा शौक़ देख, मिरा इन्तज़ार देख

पुरसिशे-आमाल[8] से मक़सद था रुसवाई मिरी
वरना ज़ाहिर था सभी कुछ क्या हुआ, क्योंकर हुआ

कैद में आया तो हासिल मुझको आज़ादी हुई
दिल के लुट जाने से मेरे घर की आबादी हुई

---

1. बुद्धि, 2. दृष्टिहीनता, 3. साहसी, 4. आह ऐ नादानी, 5. जीवन का रहस्य, 6. रहस्यवेत्ता, 7. दर्शन, 8. कर्मों की पूछ-ताछ (भगवान द्वारा)।

(11)

कोई शोख़ी तो देखे जब ज़रा रोना थमा मेरा
कहा बेदर्द ने क्यों आपने माला पिरो ली है

जफ़ाजू[1] कह दिया मैंने, मगर तुमने बुरा माना
ख़फ़ा क्यों हो गये, ये आशिक़ों की बोली-ठोली है

शबे फुर्कत[2] तसव्वुर[3] था मेरा एजाज[4] था क्या था
तेरी तसवीर को मैंने बुलाया है, तो बोली है

वो तेरी जुस्तजू[5] में फिर रहे हैं, खैर हो यारब
पता मेरा बताने को क़ियामत[6] साथ हो ली है

समझ सकता न था कोई मुझे इस बज़्मे हस्ती[7] में
गिरह[8] थी ज़िन्दगी मेरी, अजल[9] ने आ के खोली है

मह ओ खुरशीद ओ अंजुम[10] दौड़ते हैं साथ-साथ उसके
फ़लक[11] क्या है, किसी माशूके बे परवा[12] की टोली है

---

1. ज़ालिम 2. विरह की रात 3. कल्पना 4. जादू 5. तलाश 6. महाप्रलय 7. संसाररूपी महफ़िल 8. गांठ 9. मृत्यु 10. चांद सूरज और तारे 11. आकाश 12. निश्चित प्रेयसी।

(12)

क्यों चमन में बे सदा[1] मिस्ले रमे शबनम[2] है तू
लब कुशा[3] हो जा सरोदे बरबते आलम[4] है तू

आश्ना[5] अपनी हक़ीक़त[6] से हो ऐ दहकां[7] ज़रा
दाना[8] तू खेती भी तू, वारा[9] भी तू, हासिल भी तू

आह किसकी जुस्तजू[10] आवारा रखती है तुझे
राह तू रहरौ[11] भी तू रहबर[12] भी तू, मंज़िल भी तू

कांपता है दिल तेरा अन्देश ए तूफ़ां[13] से क्या
नाख़ुदा[14] तू बहर[15] तू, कश्ती भी तू, साहिल भी तू

देख आकर कूचा ए चाके गरेबां[16] में कभी
कैस तू, लैला भी तू, सहरा भी तू, महमिल भी तू

वाए नादानी कि तू मुहताजे साक़ी हो गया
मै भी तू, मीना भी तू, साक़ी भी तू, महफ़िल भी तू

---

1. बिना पुकारे 2. घृणारूपी ओस 3. बन्द होठ खोलने वाला 4. विश्वरूपी गीत 5. परिचित 6. वास्तविकता 7. ग्रामीण 8. बुद्धिमान 9. लाभ 10. खोज 11. यात्री 12. पथ-प्रदर्शक 13. तूफ़ान के आने की आशंका 14. मांझी 15. समुद्र 16. दामन फाड़ने वाली गली।

(13)

ख़िरदमन्दों[1] से क्या पूछूं कि मेरी इब्तिदा[2] क्या है
कि मैं इस फ़िक्र में रहता हूं मेरी इन्तिहा[3] क्या है

खुदी को कर बुलन्द[4] इतना कि हर तक़दीर[5] से पहले
खुदा बन्दे से खुद पूछे, बता तेरी रज़ा क्या है

मुक़ामे गुफ़तगू[6] क्या है, अगर मैं कीमियागर[7] हूं
यही सोज़े नफ़स[8] है और मेरी कीमिया क्या है

नज़र आयीं मुझे तक़दीर की गहराइयां इसमें
न पूछ ऐ हमनशीं मुझसे वो चश्मे सुरमा-सा क्या है

नवा ए सुब्हगाही[9] ने जिगर ख़ूं कर दिया मेरा
खुदाया! जिस ख़ता की ये सज़ा है वो ख़ता क्या है

अगर होता वो मजज़ूबे फिरंगी[10] इस ज़माने में
तो 'इक़बाल' उसको समझाता मुक़ामे किब्रिया[11] क्या है

---

1. बुद्धिमानों 2. प्रारम्भ 3. पराकाष्ठा 4. ऊंचा 5. भाग्य 6. बात-चीत का स्थान 7. रसायनशास्त्री 8. सांस की जलन 9. प्रातःकालीन गायन 10. पागल अंग्रेज 11. खुदा का स्थान।

(14)

गुलज़ारे हस्तो बूद[1] न बेगानावार[2] देख
है देखने की चीज़ इसे बार-बार देख

आया है तू जहां में मिसाले शरार[3] देख
दम दे न जाये हस्ति ए नापायेदार देख

माना कि तेरी दीद के क़ाबिल नहीं हूं मैं
तू मेरा शौक़ देख मेरा इन्तज़ार[4] देख

खोली हैं ज़ौक़े दीद ने आखें तेरी अगर
हर रहगुज़र में नक़्शे कफ़े पा ए यार[5] देख

---

1. आज और कल का संसार 2. ग़ैरों की भांति 3. चिंगारी की भांति 4. आतुरता 5. प्रेमिका के पदचिन्ह।

(15)

गेसू ए ताबदार[1] को और भी ताबदार कर
होशो ख़िरद[2] शिकार कर क़ल्बो नज़र[3] शिकार कर

इश्क़ भी हो हिजाब[4] में, हुस्न भी हो हिजाब में
या तो खुद आशकार[5] हो या मुझे आशकार कर

तू है मुक़ीते बेकरां[6] मैं हूं ज़रा-सी आबे जू[7]
या मुझे हमकिनार[8] कर या मुझे बेकिनार[9] कर

मैं हूं सदफ़[10] तो तेरे हाथ मेरे गुहर की आबरू
मैं हूं ख़ज़फ़[11] तो तू मुझे गौहरे शाहवार[12] कर

नग्मा ए नौबहार अगर मेरे नसीब में न हो
इस दमे नीम सोज़[13] को तायरे बहार[14] कर

बागे बहिश्त से मुझे हुक्मे सफ़र दिया था क्यों
कारे जहां[15] दराज़[16] है अब मिरा इन्तिज़ार कर

रोज़े हिसाब जब मेरा पेश हो दफ़तरे अमल
आप भी शर्मसार हो मुझको भी शर्मसार कर

---

1. चमकीले केश 2. बुद्धि और चेतना 3. दिल और दृष्टि 4. आवरण 5. प्रकट 6. अथाह सागर 7. छोटी नदी 8. अपने से मिला ले 9. दूर कर दे 10. सीपी 11. कण 12. बहुमूल्य मोती 13. अधजला सांस 14. वसन्त ऋतु का पक्षी 15. संसार का 16. लम्बी रात।

(16)

ज़माना आया है बेहिजाबी[1] का, आम दीदारे यार[2] होगा
सुकूत[3] था परदादार जिसका, वो राज़ अब आशकार[4] होगा

किया मेरा तज़्किरा जो साक़ी ने बादाख्वारों[5] की अंजुमन में
तो पीरे मैख़ाना[6] सुन के कहने लगा कि मुंहफट है, ख़्वार होगा

दयारे मग़रिब[7] के रहने वालो, खुदा की बस्ती दुकां नहीं है
खरा जिसे तुम समझ रहे हो, वो अब ज़रे कम अयार[8] होगा

तुम्हारी तहज़ीब अपने खंजर से आप ही खुदकुशी करेगी
जो शाखे नाज़ुक पे आशियां बनेगा, नापायेदार होगा

चमन में लाला[9] दिखाता फिरता है दाग़ अपना कली-कली को
ये जानता है कि इस दिखावे से दिलजलों में शुमार होगा

जो एक था, ऐ निगाह तूने हज़ार करके हमें दिखाया
यही अगर कैफ़ीयत[10] है तेरी, तो फिर किसे एतबार होगा

खुदा के आशिक़ तो हैं हज़ारों, बनों में फिरते हैं मारे-मारे
मैं उसका बन्दा बनूंगा जिसको खुदा के बन्दों से प्यार होगा

न पूछ 'इक़बाल' का ठिकाना, अभी वही कैफ़ियत है उसकी
कहीं सरे रहगुज़ार[11] बैठा सितमकशे इन्तज़ार[12] होगा

---

1. परदा उठना 2. प्रिय के दर्शन 3. मौन 4. प्रकट 5. शराबी 6. शराबख़ाने का मालिक 7. पश्चिमी देशों के 8. कम सोना तोलने वाला कांटा 9. एक फूल का नाम 10. स्थिति। 11. मार्ग में 12. प्रतीक्षा का मारा हुआ।

(17)

ज़माना देखेगा जब मिरे दिल से महशर[1] उठेगा गुफ़्तगू का
मिरे ख़मोशी नहीं है, गोया मज़ार[2] है हर्फ़े आरज़ू[3] का

जो मौजे दरिया लगी ये कहने, सफ़र से क़ाइम है शान मेरी
गुहर[4] ये बोला सदफ़ नशीनी[5] है मुझको सामान आबरू का

न हो तबीअत जिनकी क़ाबिल वो तर्बियत[6] से नहीं संवरते
हुआ न सरसब्ज़ रह के पानी में अक्से सर्वे किनारे जू[7] का

कोई दिल ऐसा नज़र न आया, न जिसमें ख़्वाबीदा[8] हो तमन्ना
इलाही तेरा जहान क्या है, निगारख़ाना[9] है आरज़ू का

अगर कोई शै नहीं है पिन्हां[10] तो क्यों सरापा[11] तलाश हूं मैं
निगह[12] को नज़्ज़ारे की तमन्ना है, दिल को सौदा है जुस्तजू[13] का

1.प्रलय 2. क़ब्र 3. आकांक्षाओं का 4. मोती 5. सीपी में रहना 6. शिक्षा-दीक्षा 7. नदी किनारे सर्व वृक्ष की परछाईं 8. सोयी हुई 9. चित्रशाला 10. निहित 11. साकार 12. दृष्टि 13. तलाश।

(18)

जिन्हें मैं ढूंढ़ता था आसमानों में, ज़मीनों में
वो निकले मेरे ज़ुल्मतख़ाना ए दिल[1] के मकीनों[2] में

अगर कुछ आश्ना[3] होता, मज़ाक़े जुब्बसाई[4] से
तो संगे आस्ताने काबा[5] जा मिलता जबीनों[6] में

कभी अपना भी नज़्ज़ारा किया है तूने ऐ मजनूं
कि लैला की तरह तू ख़ुद भी है महमिलनशीनों[7] में

महीने वस्ल के घड़ियों की सूरत उड़ते जाते हैं
मगर घड़ियां जुदाई की गुज़रती हैं महीनों में

मुझे रोकेगा तू ऐ नाख़ुदा[8] क्या ग़र्क़ होने से
कि जिनको डूबना हो, डूब जाते हैं सफ़ीनों[9] में

मुहब्बत के लिए दिल ढूंढ़ कोई टूटने वाला
ये वो मै है जिसे रखते हैं नाज़ुक़ आबगीनों[10] में

सरापा[11] हुस्न बन जाता है, जिसके हुस्न का आशिक़
भला ऐ दिल हसीं ऐसा भी है कोई हसीनों में

ख़मोश ऐ दिल! भरी महफ़िल में चिल्लाना नहीं अच्छा
अदब[12] पहला क़रीना[13] है मुहब्बत के क़रीनों में

---

1. दिलरूपी अंधेरा घर 2. निवासियों 3. परिचित 4. चोग़ा पहनना 5. काबे की चौखट का पत्थर 6. माथा 7. ऊंट के कजावे में बैठने वाले 8. मांझी 9. नौका 10. पानी के बुलबुले 11. साकार 12. आदर 13. ढंग।

(19)

तुझे याद क्या नहीं है मेरे दिल का वो ज़माना
वो अदब गहे मुहब्बत[1] वो निगह का ताज़ियाना[2]

मिरे हम सफ़ीर इसे भी असरे बहार समझे
उन्हें क्या ख़बर कि क्या है ये नवाए आशिक़ाना[3]

मिरे ख़ाक ओ ख़ूं[4] से तूने ये जहां किया है पैदा
सिला ए शहीद[6] क्या है तबो ताबे जाविदाना[6]

तेरी बन्दापरवरी से मेरे दिन गुज़र रहे हैं
न गिला है दोस्तों का न शिकायते ज़माना

---

1. कभी प्रेम का सम्मान 2. कोड़ा 3. प्रेम सम्बन्धी गीत 4. रक्त और राख 5. बलिदान करने का पुरस्कार 6. अमिट पीड़ा।

(20)

तेरे इश्क़ की इन्तिहा चाहता हूं
मिरी सादगी देख क्या चाहता हूं

सितम[1] हो कि वाद ए बेहिजाबी[2]
कोई बात सब्र आज़मा[3] चाहता हूं

ये जन्नत मुबारक़ रहे ज़ाहिदों[4] को
कि मैं आपका सामना चाहता हूं

ज़रा-सा तो दिल हूं मगर शोख़ इतना
वही लनतरानी[5] सुना चाहता हूं

कोई दम का मेहमां हूं ऐ अह्ले महफ़िल[6]
चिराग़े सहर[7] हूं बुझा चाहता हूं

भरी बज़्म[8] में राज़ की बात कह दी
बड़ा बेअदब[9] हूं सज़ा चाहता हूं

---

1. अत्याचार 2. परदा हटाने का वादा 3. धीरज आज़माने वाली 4. संयमी 5. डींग 6. सभासदों 7. प्रभात का दीपक 8. सभा 9. मूर्ख।

(21)

दिखा वो हुस्ने आलम सोज़[1] अपनी चश्मे पुरनम को
जो तड़पाता है परवाने को, रुलवाता है शबनम को

अगर देखा भी उसने सारे आलम को, तो क्या देखा
नज़र आयी न कुछ अपनी हक़ीक़त जाम से जम[2] को

शजर[3] है फ़िरक़ा आराई, तआस्सुब है समर[4] इसका
ये वो फल है कि जन्नत से, निकलवाता है आदम को

न उट्ठा जज़्ब ए खुरशीद से, इक बर्गे गुल[5] तक भी
ये रिफ़अत की तमन्ना है कि ले उड़ती है शबनम को

---

1. दुनिया को जला देने वाला सौन्दर्य 2. ईरान का बादशाह जमशेद 3. वृक्ष 4. फल 5. फूल की पत्तियां।

(22)

दिगरगूं[1] है जहां तारों की गर्दिश तेज़ है साक़ी
दिले हर ज़र्रा में ग़ूग़ाए रुस्ताख़ेज़[2] है साक़ी

मता ए दीन ओ दानिश[3] लुट गयी अल्लाह वालों की
ये किस काफ़िर अदा का ग़मज़ए-खूरेज़[4] है साक़ी

वही देरीना[5] बीमारी वही नामहकमी[6] दिल का
इलाज इसका वही आबे निशात अंगेज़[7] है साक़ी

हरम के दिल में सोज़े आरज़ू पैदा नहीं होता
कि पैदाई तेरी अब तक हिजाब आमेज़[8] है साक़ी

न उठ्ठा फिर कोई रूमी[9] अजम[10] के लालाज़ारों[11] से
वही आबो गिले ईरां[12] वही तबरेज़ है साक़ी

नहीं है नाउमीद 'इक़बाल' अपनी किश्ते वीरां से
ज़रा नम हो तो ये मिट्टी बहुत ज़रख़ेज़[13] है साक़ी

---

1. अस्त-व्यस्त 2. प्रलय-जैसा शोर 3. बुद्धि तथा धर्मरूपी पूंजी 4. खून से सनी हुई 5. पुरानी 6. कमज़ोरी 7. आनन्ददायी जल, शराब 8. परदे का 9. एक प्रसिद्ध दार्शनिक 10. ईरान-तूरान 11. उपवनों में 12. ईरान की मिट्टी और पानी 13. उपजाऊ।

(23)

दिल की बस्ती अजीब बस्ती है
लूटने वालों को ये तरसती है

हो क़नाअत जो ज़िदगी का उसूल[1]
तंगदस्ती[2] फ़राख़दस्ती[3] है

जिन्से दिल है जहान में कमयाब[4]
फिर भी ये शै ग़ज़ब की सस्ती है

ताबे इज़्हार[5] इश्क़ ने ले ली
गुफ़्तगू को ज़बां तरसती है

जिक्रे जामे तहूर बाज़ का वाज़
मैपरस्ती[6] की मैपरस्ती है

शे'र भी इक शराब है ऐ दिल
होशयारी इसी की मस्ती है

आंख को क्या नज़र नहीं आता
अब्र[7] की तरह से बरसती है

देखिये क्या सुलूक[8] हो 'इक़बाल'
मुजरिमे जुर्मे बुत-परस्ती है

---

1. नियम 2. संकीर्णता 3. विशालता 4. दुष्प्राप्य 5. दिलरूपी चीज़ 6. शराब की पूजा 7. बादल 8. व्यवहार।

(24)

न आते हमें इसमें तक़रार क्या थी
मगर वादा करते हुए आर[1] क्या थी

तुम्हारे पयामी[2] ने सब राज़ खोला
ख़ता इसमें बन्दे की सरकार क्या थी

भरी बज़्म[3] में अपने आशिक़ को ताड़ा
तेरी आंख मस्ती में हुशयार क्या थी

ताम्मुल[4] तो था उनके आने में क़ासिद[5]
मगर ये बता तर्ज़े इनकार[6] क्या थी

खिंचे ख़ुद ब ख़ुद जानिबे तूर[7] मूसा
कशिश[8] तेरी ऐ शौक़े दीदार[9] क्या थी

कहीं ज़िक्र रहता है 'इक़बाल' तेरा
फ़सूं[10] था कोई तेरी गुफ़्तार[11] क्या थी

---

1. लज्जा 2. सन्देशवाहक 3. महफ़िल 4. संकोच 5. पत्रवाहक 6. इनकार करने का ढंग 7. तूर नामक पहाड़ की ओर 8. आकर्षण 9. दर्शनाभिलाषी 10. जादू 11. बातचीत।

(25)

न मोहरा बाक़ी न मोहरा बाज़ी
जीता है रूमी हारा है राज़ी

रौशन[1] है जामे जमशेद[2] अब तक
शाहीं[3] नहीं है बे शीशाबाज़ी

दिल है मुसलमां मेरा न तेरा
तू भी नमाज़ी मैं भी नमाज़ी

मैं जानता हूं अंजाम[4] उसका
जिस मारके[5] में मुल्ला हों ग़ाज़ी

तुर्की भी शीरीं, ताज़ी भी शीरीं
हर्फ़े मुहब्बत[6] तुर्की न ताज़ी[7]

तू ज़िन्दगी है पाइन्दगी[8] है
बाक़ी है जो कुछ, सब ख़ाकबाज़ी

---

1. प्रकाशित 2. जमशेद नामक बादशाह का मदिरा पात्र 3. बाज़ पक्षी 4. परिणाम 5. युद्धक्षेत्र 6. प्रेम की बात 7. अरब का निवासी 8. अमरत्व।

(26)

परीशां हो के मेरी ख़ाक आख़िर दिल न बन जाये
जो मुश्किल अब है यारब, फिर वही मुश्किल न बन जाये

न कर दें मुझको मजबूरे नवा[1] फिरदौस[2] में हुरें
मिरा सोज़े दुरूं[3] फिर गरमिए महफ़िल न बन जाये

कभी छोड़ी हुई मंज़िल भी याद आती है राही को
खटक-सी है जो सीने में ग़मे मंज़िल न बन जाये

बनाया इश्क़ ने दरियाए ना पैदाकरां[4] मुझको
ये मेरी ख़ुद निगहदारी[5] मिरा साहिल न बन जाये

कहीं इस आलमे बेरंगो बू[6] में भी तलब[7] मेरी
वही अफ़साना ए दुंबाला ए महमिल[8] न बन जाये

उरूज़े आदमे ख़ाक़ी[9] से अंजुम[10] सहमे जाते हैं
कि ये टूटा हुआ तारा महे कामिल[11] न बन जाये

---

1. गाने पर विवश 2. स्वर्ग 3. भीतरी आग 4. अथाह सागर 5. स्वयं पर दृष्टि रखना 6. रंग और सुगन्धरहित संसार 7. तलाश 8. ऊंट पर बैठी लैला की आंख के काजल की कनपटियों की ओर जाती रेखा की कहानी 9. मिट्टी से बने व्यक्ति का उत्थान 10. तारे 11. पूर्ण चन्द्रमा।

(27)

फिर चिराग़े लाला से रौशन हुए कोहो दमन[1]
मुझको फिर नग़मों पे उकसाने लगा मुर्ग़े चमन[2]

फूल हैं सहरा[3] में या परियां क़तार अन्दर क़तार[4]
ऊदे-ऊदे नीले-नीले पीले-पीले पैरहन[5]

बर्गे गुल[6] पर रख गयी शबनम[7] का मोती बादे सुब्ह[8]
और चमकाती है उस मोती को सूरज की किरन

हुस्ने बेपरवा को अपनी बेनक़ाबी के लिए
हों अगर शहरों से बन प्यारे, तो शहर अच्छे कि बन

अपने मन में डूबकर पा जा सुराग़े ज़िन्दगी[9]
तू अगर मेरा नहीं बनता, न बन, अपना तो बन

मन की दुनिया मन की दुनिया, सोज़-ओ-जज़्बो-शौक़
तन की दुनिया तन की दुनिया, सूदो-सौदा मक्रो-फ़न[10]

मन की दौलत हाथ आती है, तो फिर जाती नहीं
तन की दौलत छांव है, आता है धन, जाता है धन

पानी-पानी कर गयी मुझको क़लन्दर की ये बात
तू झुका जब ग़ैर के आगे, न मन तेरा न तन

---

1. बाग़ और पहाड़ 2. बाग़ का पक्षी 3. जंगल 4. पंक्ति 5. वस्त्र 6. फूल के पत्ते 7. ओस 8. प्रातःकालीन हवा 9. ज़िन्दगी की खोज 10. कला और धोखा।

(28)

फिर बादे बहार[1] आयी इक़बाल ग़ज़लख़्वां[2] हो
ग़ुंचा है अगर गुल हो गुल है तो गुलिस्तां[3] हो

तू ख़ाक की मुट्ठी है अजज़ा[4] की हरारत[5] से
बरहम[6] हो परीशां हो वुसअत[7] में बयाबां[8] हो

तु जिन्से मुहब्बत[9] है क़ीमत है गरां[10] तेरी
कम-माया[11] हैं सौदागर इस देस में अरज़ां[12] हो

क्यों साज़ के परदे में मस्तूर[13] हो लय तेरी
तू नग़्मा ए रंगी है हर गोश[14] पे उरियां[15] हो

ऐ रहरवे फ़र्ज़ाना[16] रस्ते में अगर तेरे
गुलशन है तो शबनम हो सहरा[17] है तो तूफ़ां हो

सामां की मुहब्बत में मुज़मिर है तन आसानी
मक़सद [18] है अगर मंज़िल ग़ारतगरे सामां हो

---

1. वसन्त ऋतु की हवा 2. ग़ज़ल सुनाने वाला 3. उपवन 4. अंश 5. गरमी 6. नाराज़ 7. विस्तार 8. जंगल 9. प्रेम-सामग्री 10. भारी 11. ग़रीब 12. सस्ती 13. निहित 14. कान 15. नग्न 16. सतर्क यात्री 17. रेगिस्तान 18. उद्देश्य।

(29)

मजनूं ने शह्र छोड़ा, तू सहरा भी छोड़ दे
नज़्ज़ारे की हवस[1] है, तो लैला भी छोड़ दे

वाइज़[2] कमाले तर्क[3] से मिलती है यां मुराद
दुनिया जो छोड़ दी है, तो उक़्बा[4] भी छोड़ दे

तक़लीद[5] की रविश[6] से तो बेहतर है ख़ुदकुशी
रस्ता भी ढूंड ख़िज्र[7] का सौदा[8] भी छोड़ दे

है आशिक़ी में रस्म अलग सबसे बैठना
बुतख़ाना भी हरम भी, कलीसा भी छोड़ दे

सौदागरी नहीं, ये इबादत ख़ुदा की है
ऐ बेख़बर! जज़ा[9] की तमन्ना भी छोड़ दे

अच्छा है, दिल के साथ रहे पासबाने-अक़्ल[10]
लेकिन कभी-कभी इसे तनहा[11] भी छोड़ दे

---

1. आकांक्षा 2. धर्मोपदेशक 3. पूर्णतः त्याग 4. परलोक 5. अनुकरण 6. विधि 7. पथ-प्रदर्शक 8. उन्माद 9. प्रतिफल 10. बुद्धिरूपी रक्षक 11. अकेला।

(30)

मता ए बेबहा है दर्द ओ सोज़े आरज़ू मन्दी[1]
मुक़ामे बन्दगी[2] देकर न लूं शाने ख़ुदावन्दी[3]

तेरे आज़ाद बन्दों की न ये दुनिया न वो दुनिया
यहां मरने की पाबन्दी वहां जीने की पाबन्दी

गुज़र औक़ात कर लेता है ये कोह ओ बयाबां[4] में
कि शाहीं[5] के लिए ज़िल्लत[6] है कारे आशियां बन्दी

मेरी मश्शातगी[7] की क्या ज़रूरत हुस्ने ने मानी[8] को
कि फ़ितरत ख़ुद बख़ुद कर लेती है लाले की हिनाबन्दी[9]

---

1. दर्द और जलन की इच्छा 2. पूजा करने का स्थान 3. ईश्वर की महिमा 4. पर्वत और जंगल 5. बाज़ पक्षी 6. शर्मिन्दगी 7. संवारना 8. प्राकृतिक सौन्दर्य 9. मेंहदी लगाना।

(31)

यूं तो ऐ बज़्मे जहां[1] दिलकश[2] थे हंगामे तेरे
इक ज़रा अफ़सुर्दगी[3] तेरे तमाशाओं में थी

पा गयी आसूदगी[4] कूए मुहब्बत[5] में वो ख़ाक
मुद्दतों आवारा जो हिकमत[6] के सहराओं में थी

किस क़दर ऐ मै[7] तुझे रस्मे हिजाब[8] आयी पसन्द
परदा ए अंगूर[9] से निकली तो मीनाओं [10] में थी

हुस्न की तासीर[11] पर ग़ालिब न आ सकता था इल्म
इतनी नादानी जहां के सारे दानाओं[12] में थी

मैंने ऐ 'इक़बाल' योरप में उसे ढूंडा अबस[13]
बात जो हिन्दोस्तां के माह सीमाओं[14] में थी

---

1. संसाररूपी महफ़िल 2. हृदयाकर्षक 3. उदासी 4. तुष्टि 5. प्रेम की गली 6. युक्ति 7. शराब 8. परदे में रहने की प्रथा 9. अंगूर के परदे से 10. बोतलों में 11. प्रभाव 12. बुद्धिमानों 13. व्यर्थ 14. चांद और चांदी के टुकड़े (सुन्दरियां)।

(32)

ये पयाम दे गयी है मुझे बादे सुब्हगाही[1]
कि ख़ुदी[2] के आरिफ़ों[3] का है मुक़ाम[4] पादशाही

तेरी ज़िन्दगी इसी से, तेरी आबरू इसी से
जो रही ख़ुदी तो शाही न रही तो रूसियाही[5]

न दिया निशाने मंज़िल मुझे ऐ हकीम[6] तूने
मुझे क्या गिला हो तुझसे, न रहनशीं[7], न राही

मेरे हल्का ए सुख़न[8] में अभी ज़ेरे तबियत[9] हैं
वो गदा[10] कि जानते हैं, रहो रस्मे कजकुलाही[11]

ये मुआमले हैं नाज़ुक़, जो तेरी रज़ा[12] हो, तू कर
कि मुझे तो ख़ुश न आया, ये तरीक़-ए-ख़ानक़ाही[13]

तू हुमा[14] का है शिकारी, अभी इब्तिदा[15] है तेरी
नहीं मसलेहत[16] से ख़ाली, ये जहाने मुर्ग़ो माही

---

1. प्रातःकाल की हवा 2. अहं 3. ब्रह्मज्ञानी 4. स्थान 5. काला मुंह 6. दार्शनिक 7. पथ-प्रदर्शक 8. बात-चीत करने वाले 9. प्रशिक्षण प्राप्त करने वाले 10. भिखारी 11. राजापन 12. मर्ज़ी 13. दरवेशों के आश्रम का ढंग 14. एक पक्षी 15. आरम्भ 16. परामर्श।

(33)

लाऊं वो तिनके कहां से आशियाने[1] के लिए
बिजलियां बेताब हों, जिनको जलाने के लिए

वाए[2] नाकामी फ़लक[3] ने ताक कर तोड़ा उसे
मैंने जिस डाली को ताड़ा आशियाने के लिए

आंख मिल जाती है हफ़ताद ओ दरे-मिल्लत[4] से तेरी
एक पैमाना तिरा सारे ज़माने के लिए

दिल में कोई इस तरह की आरज़ू पैदा करूं
लौट जाये आसमां मेरे मिटाने के लिए

जमूआ कर ख़िरमन[5] तो पहले दाना-दाना चुन के तू
आह निकलेगी कोई बिजली जलाने के लिए

पास[6] था नाकामी ए सैयाद[7] का ऐ हमसफ़ीर[8]
वरना मैं और उड़ के आता एक दाने के लिए

इस चमन में मुर्गे दिल[9] गाए न आज़ादी का गीत
आह! ये गुलशन नहीं ऐसे तराने के लिए

---

1. घोंसला 2. आह 3. आकाश 4. सत्तर प्रकार की जातियां और मुसलमान जाति 5. खलिहान 6. ख़याल 7. शिकारी की असफलता 8. सहचर 9. हृदयरूपी पक्षी।

(34)

ला फिर इक बार वही बादा ओ जाम[1] ऐ साक़ी
हाथ आ जाये मुझे मेरा मुक़ाम[2] ऐ साक़ी

मेरी मीना-ए-ग़ज़ल[3] में थी ज़रा-सी बाक़ी
शैख़[4] कहता है कि है ये भी हराम ऐ साक़ी

शेर मर्दों से हुआ बेशा ए तहक़ीक़[5] तही[6]
रह गये सूफ़ी ओ मुल्ला के ग़ुलाम ऐ साक़ी

इश्क़ की तेग़े जिगरदार' उड़ाली किसने
इल्म के हाथ में ख़ाली है नियाम ऐ साक़ी

सीना रौशन[8] हो तो है सोज़े सुख़न[9] ऐने हयात[10]
हो न रौशन तो सुख़न मर्गे दवाम[11] ऐ साक़ी

तू मेरी रात को महताब[12] से महरूम[13] न रख
तेरे पैमाने में है माहे तमाम[14] ऐ साक़ी

---

1. शराब और शराब का प्याला 2. स्थान 3. ग़ज़लरूपी मदिरापात्र 4. धर्मगुरु 5. खोज का किनारा 6. ख़ाली 7. दिल पर वार करने वाली तलवार 8. प्रकाशित 9. शाइरी की तपिश 10. सही जीवन 11. स्थायी मृत्यु 12. चांद 13. वधित 14. पूरा चांद।

(35)

वही मेरी कमनसीबी, वही तेरी बेनियाज़ी[1]
मिरे काम कुछ न आया ये कमाले नैनवाज़ी[2]

मैं कहां हूं, तू कहां है ये मकां[3] कि लामकां[4] है
ये जहां मिरा जहां है कि तिरी करिश्मासाज़ी[5]

वो फ़रेबख़ुर्दा[6] शाहीं[7] कि पला हो करगसों[8] में
उसे क्या ख़बर कि क्या है रह ओ रस्मे शाहबाज़ी[9]

कोई कारवां से टूटा, कोई बदगुमां हरम से
कि अमीरे कारवां[10] में नहीं ख़ूए दिलनवाज़ी[11]

---

1. निःस्पृहता 2. इच्छाओं के त्याग का गुण 3. निवासस्थान 4. बिना स्थान वाला 5. चमत्कार 6. छला हुआ 7. बाज़ पक्षी 8. गिद्ध 9. बाज़ पक्षी की कर्मनीति 10. कारवां का पथ-प्रदर्शक 11. हृदय को प्रसन्न करने की आदत।

(36)

सख़्तियां करता हूं दिल पर ग़ैर से गाफिल हूं मैं
हाय क्या अच्छी कही ज़ालिम हूं मैं जाहिल हूं मैं

मैं जभी तक था कि तेरी जल्वा पैराई[1] न थी
जो नमूदे हक़[2] से मिट जाता है वो बातिल[3] हूं मैं

इल्म के दरिया से निकले ग़ोताज़न[4] गौहर बदस्त[5]
वाये महरूमी[6] ख़जफ़ चैने लबे साहिल[7] हूं मैं

है मिरी ज़िल्ल्त ही कुछ मेरी शराफ़त की दलील
जिसकी ग़फ़लत को मलक[8] रोते हैं वो ग़ाफ़िल[9] हूं मैं

बज़्मे हस्ती[10] अपनी आराइश[11] पे तू नाज़ां[12] न हो
तू तो इक तसवीर है महफ़िल की और महफ़िल हूं मैं

ढूँड़ता फिरता हूं ऐ 'इक़बाल' अपने आपको
आप ही गोया मुसाफ़िर आप ही मंज़िल हूं मैं

---

1. दर्शन देना 2. सच बोलने से 3. झूठा 4. गोताखोर 5. हाथ में मोती लिये हुए 6. हाय वधित होना 7. तट पर ठीकरे चुनने वाला 8. फ़रिश्ते 9. असावधान 10. जीवनरूपी महफ़िल 11. श्रृंगार 12. घमण्डी।

(37)

सितारों से आगे जहां[1] और भी हैं
अभी इश्क़ के इम्तिहां और भी हैं

तही[2] ज़िन्दगी से नहीं ये फ़ज़ाएं[3]
यहां सैकड़ों कारवां और भी हैं

क़नाअत[4] न कर आलमे रंगो बू पर[5]
चमन और भी आशियां[6] और भी हैं

अगर खो गया इक नशेमन[7] तो क्या ग़म
मुक़ामाते आहो फ़ुगां[8] और भी हैं

तू शाहीं[9] है परवाज़[10] है काम तेरा
तेरे सामने आसमां और भी हैं

इसी रोज़ ओ शब[11] में उलझकर न रह जा
कि तेरे ज़मान ओ मकां[12] और भी हैं

गए दिन कि तन्हा था मैं अंजुमन[13] में
यहां अब मिरे राज़दां[14] और भी हैं

---

1. संसार 2. ख़ाली 3. वातावरण 4. तुष्टि 5. रंग और गन्ध के संसार पर 6. ठिकाना 7. घोंसला 8. आहें भरने और रोने के लिए स्थान 9. पक्षी 10. उड़ान भरना 11. रात और दिन 12. समय और स्थान 13. सभा 14. भेदिया।

(38)

है कलेजा फ़िगार[1] होने को
दामने लालाज़ार हाने को

इश्क़ वो चीज़ है जिसमें क़रार[2]
चाहिए बेक़रार होने को

जुस्तजू ए क़फ़स[3] है मेरे लिए
ख़ूब समझे शिकार होने को

पीस डाला है आसमां ने मुझे
किसकी रह[4] का ग़ुबार होने को

क्या अदा थी वो जांनिसारी में
थे वो मुझ पर निसार[5] होने को

वादा करते हुए न रुक जाओ
है मुझे एतबार होने को

उसने पूछा कि कौन छुपता है
हम छुपे आशकार[6] होने को

हमने 'इक़बाल' इश्क़बाज़ी की
पी ये मै[7] होशयार होने को

---

1. घायल 2. चैन 3. पिंजरे की खोज 4. रास्ता 5. न्योछावर 6. प्रकट 7. शराब।

(39)

अह्द ए तिफ़्ली[1]
हां उठा है साहिरे अय्याम[2] से जादू भरा
अफ़लाके गर्दूं न हो मह्वे रमे आहू[3] ज़रा

हाय फिर आ जा कहीं से उस रगे जां[4] तू ज़रा
ला वो नज़्ज़ारा पा ए चश्मे तमाशाजू[5] ज़रा

ख़ून रुलवाते हैं अय्यामे जवानी के मज़े
लो कहीं से फिर वही अय्यामे तिफ़्ली के मज़े

हाय वो आलम कि आलमगीर थी अपनी अदा
ग़ैरते सद फ़स्ले गुल[6] थी अपने गुलशन की हवा

मक्तबे तिफ़्ली[7] में ग़ैर अज़ दर्से आज़ादी न था
जंगे अफ़कारे जहां[8] से शीशा ए दिल था सफ़ा

मायादारे सद मुसर्रत[9] इक तबस्सुम था मेरा
गोशे दिल लग गया जिस पर वो तकल्लुम[10] था मेरा

---

1. बचपन की प्रतिज्ञा 2. समयरूपी जादूगर 3. हरिण की चाल देखने में तल्लीन 4. बीता हुआ जीवन 5. दृश्यों को ढूंढ़ने वाली आंख 6. वसन्त ऋतु से अच्छा 7. बाल्यकाल की पाठशाला 8. संसार की चिन्ताओं का जंग 9. सैकड़ों प्रकार के हाथों से मालामाल 10. बोली।

(40)

आह ऐ दुनिया नमक पाशे ख़राशे दिल है तू
जिसके हर दाने में सौ बिजली हों वो हासिल है तू

जो मुसाफ़िर से परे रहती है वो मंज़िल है तू
जिसको लैला माया ए वहशत हो वो महफ़िल है तू

तेरे हाथों कोई जूया ए मये तस्कीं न हो
ऐमन अज़ामारे ज़मीने गुलसितां गुलचीं न हो

(41)

इस बहस का कुछ फैसला मैं कर नहीं सकता
गो ख़ूब समझता हूं कि ये ज़हर है वो क़न्द[1]

क्या फ़ायदा कुछ कह के बनूं और भी मातूब[2]
पहले ही ख़फ़ा[3] मुझसे हैं तहज़ीब के फ़र्ज़न्द

इस राज़ को औरत की बसीरत[4] ही करे फ़ाश
मजबूर हैं माज़ूर[5] हैं, मर्दाने ख़िरदमन्द[6]

क्या चीज़ है आराइश ओ क़ीमत में ज़ियादा
आज़ादि ए निस्वां[7] के ज़मर्रुद[8] का गुलूबन्द

---

1. मीठा 2. क्रोध का सहभागी 3. नाराज़ 4. बुद्धिमत्ता 5. लाचार 6. बुद्धिमान मर्द 7. औरत की आज़ादी 8. पन्ना रत्न।

(42)

शोरिशे मैख़ाना ए इंसां[1] से बालातर[2] है तू
ज़ीनते बज़्मे फ़लक[3] हो जिससे वो साग़र[4] है तू

हो दुरे गोशे उरूसे सुब्ह[5] वो गौहर है तू
जिस पे सीमा ए उफ़क़[6] नाज़ां[7] हो वो ज़ेवर है तू

सफ़हा ए अय्याम[8] से दाग़े मदारे शब[9] मिटा
आसमां से नक़्शे बातिल की तरह कोकब[10] मिटा

हुस्न तेरा जब हुआ बामे फ़लक से जल्वागर
आंख से उड़ता है यकदम ख़्वाब की मै का असर

नूर[11] से मामूर[12] हो जाता है दामाने नज़र
खोलती है चश्मे ज़ाहिर को ज़िया तेरी मगर

ढूंढ़ती हैं जिसको आंखें वो तमाशा चाहिए
चश्मे बातिन[13] जिससे खुल जाये वो जल्वा चाहिए

---

1. शराबघर में हंगामा करने वाला 2. अधिक ऊंचा 3. आकाशरूपी सभा की शोभा 4. शराब का प्याला 5. सुबह की दुल्हिन 6. क्षितिज 7. घमण्डी 8. भाग्यहीन पृष्ठ 9. रातरूपी दास 10. चमकता हुआ बड़ा सितारा 11. प्रकाश 12. भर जाना 13. दिलरूपी नेत्र।

(43)

मंज़र चमनिस्तां के ज़ेबा[1] हों कि ना ज़ेबा[2]
महरूमे अमल नगिस[3] मजबूरे तमाशा[4] है

रफ़तार की लज़्ज़त का एहसास नहीं उसको
फ़ितरत ही सनोबर[5] की महरूमे तमन्ना है

तस्लीम[6] की ख़ूगर है जो चीज़ है दुनिया में
इंसान की हर क़ुव्वत सरगर्मे तक़ाज़ा है

इस ज़र्रे को रहती है वुसअत[7] की हवस हरदम
ये ज़र्रा नहीं शायद सिमटा हुआ सहरा है

चाहे तो बदल डाले हैयत[8] चमनिस्तां की
ये हस्ति ए दाना[9] है बीना[10] है तवाना[11] है

---

1. भले 2. बुरे 3. एक फूल जिसकी उपमा नेत्रों से देते हैं 4. देखने पर विवश 5. एक वृक्ष का नाम 6. स्वीकार 7. विस्तार 8. स्थिति 9. बुद्धिमान 10. देखने वाला 11. बढ़ई।

(44)

इक शोख़[1] किरन शोख़ मिसाले निगहे हूर[2]
आराम से फ़ारिग़ सिफ़ते जौहरे सीमाब[3]

बोली कि मुझे रुख़्सते तनवीर[4] अता हो
जब तक न हो मशरिक़ का हर इक ज़र्रा जहांताब

छोड़ूंगी न मैं हिन्द की तारीक फ़ज़ा को
जब तक न उठें ख़्वाब से मर्दाने गरां ख़्वाब[5]

ख़ावर[6] की उमीदों का यही ख़ाक है मर्क़ज़
'इक़बाल' के अश्कों से यही ख़ाक है सैराब

चश्मे मह ओ परवीं[7] है इसी ख़ाक से रौशन
ये ख़ाक कि है जिसका ख़ज़फ़[8] रेज़ा ए दुरनाब[9]

इस ख़ाक से उठ्ठे हैं वो ग़व्वासे मआनी[10]
जिनके लिए हर बह्रे पुरआशोब[11] है पायाब[12]

जिस साज़ के नग़्मों से हरारत थी दिलों में
महफ़िल का वही साज़ है बेगाना ए मिज़राब

बुतख़ाने के दरवाज़े पे सोता है बिरहमन
तक़दीर को रोता है मुसलमां तहे मेहराब

मशरिक़ से हो बेज़ार न मग़रिब से हज़र[13] कर
फ़ितरत का इशारा है कि हर शब को सहर कर

---

1. चंचल 2. हूर की निगाह की भांति 3. पारे की प्रहरति की भांति 4. प्रकाश की विदाई 5. गहरी नींद में सोये हुए लोग 6. सूरज 7. चांद-सितारों की आंख 8. कण 9. मोती चमकाने वाला 10. माने हुए ग़ोताख़ोर 11. भरा हुआ और उपद्रव करने वाला समुद्र 12. सूखा 13. बचना।

(45)

सच कह दूं ऐ बिरहमन गर तू बुरा न माने
तेरे सनमकदों के बुत हो गये पुराने

अपनों से बैर रखना तूने बुतों से सीखा
जंग ओ जदल[1] सिखाया, वाइज़ को भी ख़ुदा ने

तंग आ के मैंने आख़िर दैर ओ हरम[2] को छोड़ा
वाइज़[3] का वाज़ छोड़ा, छोड़े तेरे फ़साने

पत्थर की मूरतों में समझा है तू ख़ुदा है
ख़ाके वतन का मुझको हर ज़र्रा देवता है

आ ग़ैरियत[4] के परदे इक बार फिर उठा दें
बिछड़ों को फिर मिला दें नक़्शे दुई मिटा दें

सूनी पड़ी हुई है मुद्दत से दिल की बस्ती
आ इक नया शिवाला[5] इस देश में बना दें

---

1. लड़ाई-झगड़े 2. मन्दिर और मस्जिद 3. उपदेशक 4. अजनबीपन 5. मन्दिर।

(46)

दुनिया के तीरथों से उंचा हो अपना तीरथ
दामाने आसमां से उसका कलस मिला दें

हर सुबह उठ के गायें मन्तर वो मीठे-मीठे
सारे पुजारियों को मै पीत की पिला दें

शक्ती भी शान्ती भी भक्तों के गीत में है
धरती के वासियों की मुक्ति प्रीत में है

(47)

इल्म ने मुझसे कहा इश्क़ है दीवानापन

इश्क़ ने मुझसे कहा इल्म है तख़्मीन ओ ज़न[1]
बन्दा ए तख़्मीन ओ ज़न किर्मे किताबी[2] न बन

इश्क़ सरापा हुज़ूर इश्क़ सरापा हिजाब

इश्क़ की गरमी से मारका ए कायनात[3]
इल्म मुक़ामे सिफ़ात[4] इश्क़ तमाशा ए ज़ात[5]

इश्क़ सुकून ओ सबात[6] इश्क़ हयात ओ मुमात[7]
इल्म है पैदा सवाल इश्क़ है पिन्हां जवाब

इश्क़ के हैं मोजज़ात[8] सल्तनतओ फ़क्र ओ दीं[9]
इश्क़ के अदना ग़ुलाम साहबे ताज ओ नगीं[10]

इश्क़ मकान ओ मकीं इश्क़ ज़मान ओ ज़मीं
इश्क़ सरापा यक़ीं और यकीं फ़तहयाब

शरअ ए मुहब्बत में है इशरत मंज़िल[11] हराम
शोरिशे तूफ़ां हलाल लज़्ज़ते साहिल हराम

इश्क़ पे बिजली हलाल इश्क़ पे हासिल हराम
इल्म है इब्नुल किताब[12] इश्क़ है उम्मुल किताब[13]

---

1. हिसाब-किताब 2. किताबी कीड़ा 3. ब्रह्माण्ड का संचानल 4. विशिष्ट स्थान 5. परमात्म दर्शन 6. सुख-शान्ति 7. जीवन-मृत्यु 8. चमत्कार 9. धर्म और साधुता का राज्य 10. राजे-महाराजे। 11. मंज़िल का सुख 12. किताब का बेटा 13. किताब की मां।

(48)

दुनिया की महफ़िलों से उकता गया हूं यारब
क्या लुत्फ़[1] अंजुमन का जब दिल ही बुझ गया हो

शोरिश[2] से भागता हूं दिल ढूंढ़ता है मेरा
ऐसा सुकून[3] जिस पर तक़दीर भी फ़िदा[4] हो

मरता हूं ख़ामुशी पर ये आरज़ू है मेरी
दामन में कोह के इक छोटा-सा झोंपड़ा हो

हो हाथ का सिरहाना सब्ज़े का हो बिछौना
शरमाए जिससे जल्वत[5] ख़िल्वत[6] में वो अदा हो

मानूस[7] इस क़दर हो सूरत से मेरी बुलबुल
नन्हे से दिल में उसके खटका न कुछ मेरा हो

आग़ोश[8] में ज़मीं की सोया हुआ हो सब्ज़ा
फिर-फिर के झाड़ियों में पानी चमक रहा हो

पानी को छू रही हो झुक-झुक के गुल की टहनी
जैसे हसीन कोई आईना देखता हो

फूलों को आये जिस दम शबनम वज़ू[9] कराने
रोना मेरा वज़ू हो नाला मेरी दुआ हो

हर दर्दमन्द दिल को रोना मेरा रुला दे
बेहोश जो पड़े हैं शायद उन्हें जगा दे

---

1. आनन्द 2. परेशानी 3. ठहराव 4. मेहरबानी 5. प्रकट होना 6. एकान्त 7. प्रेम-भाव 8. गोद। 9. नमाज़ पढ़ने के लिए हाथ-पैर और मुंह आदि धोना।

(49)

रूमी बदले शामी बदले बदला हिन्दुस्तान
तू भी ऐ फ़र्ज़न्दे कुहिस्तां अपनी ख़ुदी पहचान

अपनी ख़ुदी पहचान
ओ ग़ाफ़िल अफ़ग़ान

मौसम अच्छा पानी वाफ़िर[1] मिट्टी भी ज़रख़ेज़
जिसने अपना खेत न सींचा वो कैसा दहक़ान

अपनी ख़ुदी पहचान
ओ न अफ़ग़ान

ऊंची जिसकी लहर नहीं है वो कैसा दरिया
जिसकी हवाएं तुन्द[2] नहीं हैं वो कैसा तूफ़ान

अपनी ख़ुदी पहचान
ओ ग़ाफ़िल अफ़ग़ान

ढूंढ़ के अपनी ख़ाक में जिसने पाया अपना आप[3]
उस बन्दे की दहक़ानी पर सुल्तानी[4] कुर्बान

---

1. अधिक 2. तेज़ 3. ख़ुदा 4. बादशाहत।

(50)

अपनी ख़ुदी पहचान
ओ ग़ाफ़िल अफ़ग़ान

तेरी बे इल्मी ने रख ली बे इल्मों की लाज
आलिम-फ़ाज़िल बेच रहे हैं अपना दीं ईमान

अपनी ख़ुदी पहचान
ओ ग़ाफ़िल अफ़ग़ान

(51)

हज़ार बार हकीमें[1] ने इसको सुलझाया
मगर ये मसअला ए ज़न[2] रहा वहीं का वहीं

क़ुसूर ज़न का नहीं है कुछ इस ख़राबी में
गवाह उनकी शराफ़त पे हैं मह ओ परवीं[3]

फ़साद का है फ़िरंगी मआशरत में ज़हूर
कि मर्द सादा है बेचारा ज़नशनास[4] नहीं

---

1. दार्शनिकों 2. औरतों की समस्या 3. चांद और सितारे 4. औरतों को पहचानने वाला।

(52)

चिश्ती ने जिस ज़मीं पर पैग़ामे हक़ सुनाया
नानक ने जिस चमन में वहदत[1] का गीत गाया

तातारियों ने जिसको अपना वतन बनाया
जिसने हिजाज़ियों से दश्ते अरब[2] छुड़ाया

मेरा वतन वही है मेरा वतन वही है
यूनानियों को जिसने हैरान कर दिया था

सारे जहां को जिसने इल्मो हुनर दिया था
मिट्टी को जिसकी हक़ ने ज़र का असर दिया था

तुर्कों का जिसने दामन हीरों से भर दिया था
मेरा वतन वही है मेरा वतन वही है

टूटे थे जो सितारे फ़ारस के आसमां से
फिर ताब दे के जिसने चमकाये कहकशां[3] से

वहदत की लय सुनी थी दुनिया ने जिस मकां से
मीरे अरब को आयी ठण्डी हवा जहां से

मेरा वतन वही है मेरा वतन वही है

---

1. अद्वैतवाद 2. अरब का जंगल 3. आकाशगंगा।

(53)

बन्दे कलीम जिसके परबत जहां के सीना
नूहे नबी का आकर ठहरा जहां सफ़ीना

रिफ़अत है जिस ज़मीं की बामे फलक का ज़ीना
जन्नत की ज़िन्दगी है जिसकी फ़ज़ा में जीना

मेरा वतन वही है मेरा वतन वही है

(54)

मैं कारे जहां से नहीं आगाह व लेकिन
अरबाबे नज़र से नहीं पोशीदा कोई राज़

कर तू भी हुकूमत के वज़ीरों की ख़ुशामद
दस्तूर नया और नये दौर का आग़ाज़

मालूम नहीं है ये ख़ुशामद कि हक़ीक़त
कह दे कोई उल्लू को अगर रात का शहबाज़[1]

---

1. शिकारी पक्षी बाज़।

(55)

मैकदे में एक दिन इक रिन्दे ज़ीरक[1] ने कहा
है हमारे शह्र का वाली गदा ए बेहया[2]

ताज पहनाया है किसकी बेकलाही[3] ने उसे
किसकी उरयानी[4] ने बख़्शी है उसे ज़रीं क़बा[5]

उसके आबे लालागूं[6] की ख़ूने दहकां[7] से कशीद
तेरे-मेरे खेत की मिट्टी है उसकी कीमिया

उसके नेमतख़ाने[8] की हर जीज़ है मांगी हुई
देने वाला कौन है? मर्दे ग़रीबो बेनवा

मांगने वाला गदा[9] है सदक़ा मांगे या ख़िराज़
कोई माने या न माने मीर ओ सुल्तां[10] सब गदा

---

1. बुद्धिमान शराबी 2. निर्लज्ज भिखमंगा 3. बिना टोपी वाले निर्धन 4 नंगापन 5. स्वर्णिम वस्त्र 6. शराब 7. किसान के रक्त से 8. भण्डार 9. भिखारी 10. अमीर और बादशाह।

(56)

मेरे वीराने से कोसों दूर है तेरा वतन
है मगर दरिया ए दिल तेरी कशिश से मौजज़न[1]

क़सद[2] किस महफ़िल का है आता है किस महफ़िल से तू
ज़र्द रू[3] शायद हुआ रंजे रहे मंज़िल[4] से तू

आफ़रीनिश[5] में सरापा नूर[6] तू ज़ुल्मत[7] हूं मैं
इस सियाह रोज़ी[8] पे लेकिन तेरा हम क़िस्मत[9] हूं मैं

एक हल्क़े[10] पर अगर क़ाइम तेरी रफ़्तार है
मेरी गर्दिश[11] भी मिसाले गर्दिशे परकार है

ज़िन्दगी की रह[12] में सरगर्दा[13] है तू हैरां हूं मैं
तू फ़रोज़ां[14] महफ़िले हस्ती में है सोज़ां[15] हूं मैं

मैं रहे मंज़िल में हूं तू भी रहे मंज़िल में है
तेरी महफ़िल में जो ख़ामोशी है मेरे दिल में है

तू तलब ख़ू[16] है तो मेरा भी यही दस्तूर है
चांदनी है नूर तेरा इश्क़ मेरा नूर है

---

1. तरंगित 2. संकल्प 3. पीले मुंह वाला 4. मंज़िल तक पहुंचने में रास्ते की थकान 5. सृष्टिकाल 6. सिर से पांव तक रौशनी 7. अन्धकार 8. दुर्भाग्य 9. एक समान भाग्य वाला 10. चक्र 11. भाग्यचक्र 12. मार्ग 13. घूम रहा 14. रौशन 15. जल रहा 16. भिखारी।

(57)

अंजुमन[1] है एक मेरी भी जहां रहता हूं मैं
बज़्म[2] में अपनी अगर यकतां[3] है तू तनहा हूं मैं

मेह्र[4] का परतौ[5] तेरे हक़ मैं है पैग़ामे अजल[6]
मह्व[7] कर देता है मुझको जल्वा ए हुस्ने अज़ल[8]

फिर भी ऐ माहे मुबीं[9] मैं और हूं तू और है
दर्द जिस पहलू से उठता हो वो पहलू और है

गर्चे मैं ज़ुल्मत सरापा[10] हूं सरापा नूर तू
सैकड़ों मंज़िल हैं ज़ौके आगही[11] से दूर तू

जो मेरी हस्ती का मक़सद है मुझे मालूम है
ये चमक वो है जबीं [12] जिससे तेरी महरूम[13] है

---

1. महफ़िल 2. सभा 3. अद्वितीय 4. सूरज 5. प्रकाश 6. मृत्यु का सन्देश 7. लीन 8. बड़े-बड़े नेत्रों का सौन्दर्य 9. प्रकाशमान चांद 10. घोर अंधेरा 11. ज्ञान प्राप्त करने की रुचि 12. माथा 13. वंचित

(58)

डरते-डरते दमे सहर[1] से
तारे कहने लगे क़मर[2] से

नज़्ज़ारे रहे वही फ़लक[3] पर
हम थक भी गये चमक-चमककर

काम अपना है सुबह ओ शाम चलना
चलना चलना मुदाम[4] चलना

बेताब है इस जहां की हर शै
कहते हैं जिसे सुकूं[5] नहीं है

होगा कभी ख़त्म ये सफ़र क्या
मंज़िल कभी आयेगी नज़र क्या

कहने लगा चांद हमनशीनो[6]
ऐ मज़्रअ ए शब[7] के ख़ोशाचीनो[8]

जुम्बिश[9] से है ज़िन्दगी जहां की
ये रस्मे क़दीम[10] है यहां की

इस रह में[11] मुक़ाम[12] बेमहल[13] है
पोशीदा[14] क़रार[15] में अजल[16] है

चलने वाले निकल गये हैं
जो ठेरे ज़रा कुचल गये हैं

अंजाम[17] है इस ख़िराम[18] का हुस्न
आग़ाज़[19] है इश्क़ इन्तिहा[20] हुस्न

---

1. प्रभातकाल 2. चांद 3. आकाश 4. निरन्तर 5. चैन 6. साथियो 7. रात की खेती 8. बालियां चुनने वालो 9. कर्म 10. प्राचीन रिवाज 11. रास्ता 12. ठहरना 13. व्यर्थ 14. छिपा हुआ 15. प्रतिज्ञा 16. मृत्यु 17. अन्त 18. मन्द गति 19. प्रारम्भ 20. चरम सीमा।

(59)

दयारे इश्क़[1] में अपना मुक़ाम पैदा कर
नया ज़माना, नया सुब्हो शाम पैदा कर

ख़ुदा अगर दिले फ़ितरत शनास[2] दे तुझको
सुकूते लाला ए गुल[3] से कलाम पैदा कर

उठा न शीशा गराने फ़िरंग के एहसां
सिफ़ाले हिन्द[4] से मीना ओ जाम पैदा कर

मैं शाख़े ताक[5] हूं मेरी ग़ज़ल है मेरा समर[6]
मिरे समर से मए लालाफ़ाम[7] पैदा कर

मिरा तरीक़[8] अमीरी नहीं फ़क़ीरी है
ख़ुदी न बेच, ग़रीबी में नाम पैदा कर

---

1. प्रेम के स्थान पर 2. प्रकृति को पहचानने की क्षमता 3. फूलों का मौन 4. भारत की मिट्टी 5. अंगूर की टहनी 6. फूल 7. लाल शराब 8. ढंग।

(60)

बरतर[1] अज़ अन्देशा ए सूद ओ ज़ियां[2] है ज़िन्दगी
है कभी जां और कभी तस्लीमे जां[3] है ज़िन्दगी

तू इसे पैमाना ए इमरोज़ ओ फ़र्दा[4] न नाप
जाविदा[5] पैहम[6] रवां हरदम जवां है ज़िन्दगी

बन्दगी[7] में घुट के रह जाती है इक जू ए कम आब
और आज़ादी में बह्रे बेकरां[8] है ज़िन्दगी

आश्कारा[9] है ये अपनी क़ुव्वते तस्ख़ीर[10] से
गरचे इक मिट्टी के पैकर[11] में निहां[12] है ज़िन्दगी

कुल्ज़ुमे[13] हस्ती से तू उभरा है मानिन्दे हुबाब[14]
इस ज़ियांखाने में तेरा इम्तिहां है ज़िन्दगी

---

1. आगे बढ़कर 2. लाभ और हानि की आशंका 3. जान से अधिक 4. आज और कल का प्याला 5. अमर 6. निरन्तर 7. पूजा करना 8. उन्मुक्त सागर 9. स्प 10. जादू की शक्ति 11. चेहरा 12. छिपा हुआ 13. नदी के 14. बुलबुले की भांति।

(61)

सारे जहां से अच्छा हिन्दोस्तां हमारा
हम बुलबुलें हैं इसकी ये गुलसितां[1] हमारा

गुर्बत[2] में हों अगर हम रहता है दिल वतन में
समझो वहीं हमें भी दिल हो जहां हमारा

परबत वो सबसे ऊंचा हमसाया[3] आसमां का
वो सन्तरी[4] हमारा वो पासबां[5] हमारा

गोदी में खेलती हैं इसकी हज़ारों नदियां
गुलशन है जिनके दम से रश्के जिनां[6] हमारा

ऐ आबरूदे गंगा वो दिन है याद तुझको
उतरा तेरे किनारे जब कारवां हमारा

मज़्हब[7] नहीं सिखाता आपस में बैर रखना
हिन्दी हैं हम वतन है हिन्दोस्तां हमारा

यूनान ओ मिस्त्र ओ रूमा सब मिट गये जहां से
अब तक मगर है बाक़ी नाम ओ निशां हमारा

---

1. बाग़ 2. परदेस 3. पड़ोसी 4. पहरेदार 5. रक्षक 6. मेहंदीरूपी स्वाभिमान 7. धर्म।

(62)

ज़िन्दगी कुछ और शै है, इल्म है कुछ और शै
ज़िन्दगी सोज़े जिगर[1] है, इल्म है सोज़े दिमाग़[2]

इल्म में दौलत भी है क़ुदरत[3] भी है लज़्ज़त[4] भी है
एक मुश्किल है कि हाथ आता नहीं अपना सुराग़[5]

अह्ले दानिश[6] आम हैं कमयाब हैं अह्ले नज़र[7]
क्या तअज्जुब है कि ख़ाली रह गया तेरा अयाग़[8]

शैख़! मक्तब के तरीक़ों से कुशादे दिल[9] कहां
किस तरह किब्रीत[10] से रौशन हो बिजली का चिराग़

---

1. दिल की जलन 2. मस्तिष्क की जलन 3. प्रहरति 4. स्वाद 5. पता 6. बुद्धिमान लोग 7. देखने वाले 8. प्याला 9. दिल का विकास 10. गन्धक।

(63)

नहीं मिन्नतकशे ताबे शनीदन दास्तां मेरी
ख़ामोशी गुफ़तगू[1] है बेज़बानी है ज़बां मेरी

ये दस्तूरे ज़बां[2] बन्दी है कैसा तेरी महफ़िल में
यहां तो बात करने को तरसती है ज़बां मेरी

उठाये कुछ वरक़[3] लाले[4] ने कुछ नगिस ने कुछ गुल ने
चमन में हर तरफ़ बिखरी हुई है दास्तां[5] मेरी

उड़ा ली क़ुमरियों[6] ने तूतियों[7] ने अन्दलीबों[8] ने
चमन वालों ने मिलकर लूट ली तर्ज़े फ़ुग़ां[9] मेरी

टपक ऐ शम्आ आंसू बन के परवाने की आंखों से
सरापा[10] दर्द हूं हसरत-भरी है दास्तां मेरी

इलाही फिर मज़ा क्या है यहां दुनिया में रहने का
हयाते जाविदां[11] मेरी न मर्गे नागहां[12] मेरी

मिरा रोना नहीं रोना है ये सारे गुलिस्तां[13] का
वो गुल हूं मैं ख़िज़ां[14] हर गुल की है गोया ख़िजां मेरी

1. बातचीत 2. बात करने की परम्परा 3. पृष्ठ 4. एक फूल 5. कथा 6. फ़ाख़्ता 7. छोटे तोते 8. बुलबुल 9. प्रलाप का ढंग 10. सिर से पांव तक 11. अमर जीवन 12. अचानक मृत्यु 13. उपवन 14. पतझड़।

(64)

है यही मेरी नमाज़ है यही मेरा वज़ू[1]
मेरी नवाओं[2] में है मेरे जिगर का लहू

राहे मुहब्बत[3] में है कौन किसी का रफ़ीक़[4]
साथ मेरे रह गयी एक मेरी आरज़ू[5]

मेरा नशेमन[6] नहीं दरगहे मीर ओ वज़ीर
मेरा नशेमन भी तू शाख़े नशेमन भी तू

तुझसे मेरी ज़िन्दगी सोज़ो तब ओ दर्दो दाग़
तू ही मेरी आरज़ू तू ही मेरी जुस्तजू[7]

पास अगर तू नहीं शहर है वीरां तमाम
तू है तो आबाद हैं उज़ड़े हुए काख़ ओ कू[8]

फिर वो शराबे कुहन[9] मुझको अता[10] कर कि मैं
ढूंढ़ रहा हूं उसे तोड़ के जाम ओ सुबू

तेरी ख़ुदाई से है मेरे जुनूं को गिला
अपने लिए लामकां[11] मेरे लिए चार सू[12]

---

1. नमाज़ पढ़ने से पहले हाथ-पैर धोना 2. उपहार 3. प्रेम का मार्ग 4. शुभचिन्तक 5. इच्छा 6. घोंसला 7. खोज 8. ऊंचे मकान और गलियां 9. पुरानी शराब 10. देना 11. बिना ठिकाने के 12. चारों ओर।

(65)

चमने ख़ार-ख़ार[1] है दुनिया
ख़ूने सद नौबहार है दुनिया

जान लेती है जुस्तजू[2] इसकी
दौलते ज़ेरे मार[3] है दुनिया

है नसीमे जहां ख़िज़ां[4] परवर
देखने को बहार है दुनिया

ज़िन्दगी नाम रख दिया किसने
मौत का इन्तिज़ार है दुनिया

ख़ून रोता है शौक़ मंज़िल का
रहज़ने रहगुज़ार[5] है दुनिया

---

1. कांटों से भरा हुआ बाग़ 2. तलाश 3. सांप के नीचे दबा हुआ धन 4. पतझड़ 5. रास्ते का लुटेरा।

(66)

बच्चा ए शाहीं[1] से कहता था उक़ाबे साल ख़ुर्द[2]
ऐ तेरे शहपर[3] पे आसां रिफ़अते चर्ख़े बरीं[4]

है शबाब अपने लहू की आग में जलने का काम
सख़्तकोशी[5] से है तल्ख़िए ज़िन्दगानी[6] अंगबी[7]

जो कबूतर पर झपटने में मज़ा है ऐ पिसर[8]
वो मज़ा शायद कबूतर के लहू में भी नहीं

---

1. बाज़ पक्षी के बच्चे से 2. बूढ़ा शिकारी पक्षी 3. पंख 4. आसमान की ऊंचाई 5. बड़े परिश्रम से 6. जीवन की कटुता 7. शहद 8. बेटे।

(67)

आता है याद मुझको गुज़रा हुआ ज़माना
वो बाग़ की बहारें वो सब का चहचहाना

आज़ादियां कहां वो अब अपने घोंसले की
अपनी ख़ुशी से आना अपनी ख़ुशी से जाना

लगती है चोट दिल पर आता है याद जिस दम
शबनम[1] के आंसुओं पर कलियों का मुसकराना

वो प्यारी-प्यारी सूरत वो कामिनी-सी मूरत
आबाद जिसके दम से था मेरा अशियाना

आती नहीं सदाएं[2] उनकी मेरे क़फ़स[3] में
होती मेरी रिहाई ऐ काश मेरे बस में

क्या बदनसीब[4] हूं मैं घर को तरस रहा हूं
साथी तो है वतन में मैं क़ैद में पड़ा हूं

आयी बहार कलियां फूलों की हंस रही हैं
मैं इस अंधेरे घर में क़िस्मत को रो रहा हूं

इस क़ैद का इलाही दुखड़ा किसे सुनाऊं
डर है यहीं क़फ़स में मैं ग़म से मर न जाऊं

जब से चमन छूटा है ये हाल हो गया है
दिल ग़म को खा रहा है ग़म दिल को खा रहा है

आज़ाद मुझको कर दे ओ कैद करने वाले
मैं बेज़बां[5] हूं कैदी तू छोड़कर दुआ ले

---

1. ओस 2. आवाज़ें 3. पजरा 4. भाग्यहीन 5. मूक।

(68)

लब[1] पे आती है दुआ[2] बन के तमन्ना मेरी
ज़िन्दगी शम्आ की सूरत हो ख़ुदाया मेरी

दूर दुनिया का मेरे दम से अंधेरा हो जाये
हर जगह मेरे चमकने से उजाला हो जाये

हो मेरे दम से यूं ही मेरे वतन की ज़ीनत[3]
जिस तरह फूल से होती है चमन की ज़ीनत

ज़िन्दगी हो मेरी परवाने की सूरत यारब
इल्म[4] की शम्आ से हो मुझको मुहब्बत यारब

हो मेरा काम ग़रीबों की हिमायत[5] करना
दर्दमन्दों से ज़ईफ़ों[6] से मुहब्बत करना

मेरे अल्लाह बुराई से बचाना मुझको
नेक जो राह हो उस रह पे चलाना मुझको

---

1. होठ 2. प्रार्थना 3. शोभा 4. शिक्षा 5. भलाई 6. वृद्धों।

(69)

उट्ठो मेरी दुनिया के ग़रीबों को जगा दो
काख़े उमरा[1] के दरो दीवार हिला दो

गरमाओ ग़ुलामों का लहू सोज़े यक़ीं से
कुंजिश्के फ़रूमाया[2] को शाहीं[3] से लड़ा दो

सुल्तानि ए जम्हूर[4] का आता है ज़माना
जो नक़्शे कुहन[5] तुमको नज़र आये मिटा दो

जिस खेत से दहकां[6] को मयस्सर नहीं रोटी
उस खेत के हर खोशए गन्दुम[7] को जला दो

क्यों ख़ालिको मख़लूक[8] में हायल रहें परदे
पीराने कलीसा को कलीसा से हटा दो

हक़ रा बसुजूदे सनमां रा ब तवाफ़े[9]
बेहतर है चिराग़े हरमो दैर बुझा दो

मैं नाख़ुश ओ बेज़ार हूं मरमर की सिलों से
मेरे लिए मिट्टी का हरम और बना दो

तहज़ीबे नवीं कारगहे शीशागरां[10] है
आदाबे जुनूं शाइरे मशरिक़[11] को सिखा दो

---

1. अमीरों के महल 2. निरीह गौरैया 3. बाज़ 4. गणराज्य 5. पुरानी रूढ़ियां 6. किसान 7. गेहूं की बालियां 8. ईश्वर और उसकी सृष्टि 9. सत्य के सामने सिर झुकाओ और मूर्तियों की परिक्रमा करो 10. शीशा बनाने वालों का कारख़ाना 11. पूर्व (भारत) के कवि।

(70)

एक भी पत्ती अगर कम हो तो वो गुल ही नहीं
जो ख़िजां नादीदा[1] हो बुलबुल, वो बुलबुल ही नहीं

आरज़ू के ख़ून से रंगीं है दिल की दास्तां
नग़्मा ए इंसानियत कामिल[2] नहीं ग़ैर अज़ फ़ुगां[3]

ग़म जवानी को जगा देता है लुत्फ़े ख़्वाब से
साज़ ये बेदार होता है इसी मिज़राब[4] से

शाम जिसकी आश्ना ए नाला ए "यारब"[5] नहीं
जलवा पैरा[6] जिसकी शब में अश्क के कौकब[7] नहीं

हाथ जिस गुलचीं[8] का है महफ़ूज़ नोके ख़ार से
इश्क़ जिसका बेख़बर है हिज्र के आज़ार[9] से

कुल्फ़ते ग़म[10] गरचे उसके रोज़ ओ शब से दूर हैं
ज़िन्दगी का राज़ उसकी आंख से मस्तूर[11] है

रुख़्सते महबूब का मक़सद फ़ना होता अगर
जोशे उल्फ़त भी दिले आशिक़ से कर जाता सफ़र

इश्क़ कुछ महबूब के मरने से मर जाता नहीं
रूह में ग़म बन के रहता है मगर जाता नहीं

आती है नद्दी जबीने कोह[12] से गाती हुई
आसमां के तायरों[13] को नग्मा सिखलाती हुई

आईना रौशन[14] है उसका सूरते रुख़सारे हूर[15]
गिर के वादी की चटानों पर ये हो जाता है चूर

नहर जो थी उसके गौहर[16] प्यारे-प्यारे बन गये
यानी इस उफ़्ताद[17] से पानी के तारे बन गये

जूए सीमाबे रवां[18] फटकर परीशां[19] हो गयी
मुज़्तरिब[20] बूंदों की इक दुनिया नुमायां[21] हो गयी

पस्ति ए आलम[22] में मिलने को जुदा होते हैं हम
आरज़ी फुर्कत को दाइम[23] जानकर रोते हैं हम

मरने वाले मरते हैं लेकिन फ़ना होते नहीं
ये हक़ीक़त में कभी हमसे जुदा होते नहीं

अक़्ल जिस दम दह्र[24] की आफ़ात[25] में मह्सूर[26] हो
या जवानी की अंधेरी रात में मस्तूर[27] हो

ख़िज्रे हिम्मत[28] हो गया हो आरज़ू से गोशागीर[29]
फ़िक्र जब आज़िज़ हो और ख़ामोश आवाज़े ज़मीर[30]

वादि ए हस्ती में कोई हमसफ़र तक भी न हो
जादह[31] दिखलाने को जुगनू का शरर[32] तक भी न हो

मरने वाले की जबीं[33] रौशन है इस ज़ुल्मात में
जिस तरह तारे चमकते हैं अंधेरी रात में

---

1. जिसने पतझड़ न देखा हो 2. पूर्ण 3. बिना रोये 4. सितार बजाने के लिए अंगुलि में पहना जाने वाला छल्ला 5. वह व्यक्ति जो शाम के समय हे भगवान कहकर दुखी न हुआ हो 6. प्रदशित 7. सितारे 8. फूल चुनने वाले 9. कष्ट 10. ग़म का सन्ताप 11. छिपा हुआ 12. पर्वत-शिखर 13. पक्षियों 14. प्रकाशमान 15. अप्सरा के गालों की भांति 16. मोती 17. विपत्ति 18. बहते हुए पारे की नदी 19. छिन्न-भिन्न 20. व्याकुल 21. प्रकट 22. संसार का अधःस्थल 23. स्थायी 24. युग 25. मुसीबतें 26. घिरी हुई 27. छिपी हुई 28. साहसरूपी पथ-प्रदर्शक 29. कोने में जा बैठना 30. आत्मा की आवाज़ 31. मार्ग 32. चिंगारी 33. माथा।

(71)

ये आफ़ताब[1] क्या ये सिपहरे बरीं[2] है क्या
समझा नहीं तसलसुले शामो सहर[3] को मैं

अपने वतन[4] में हूँ के ग़रीबुद्दयार हूं
डरता हूं देख देख के इस दश्तो दर[5] को मैं

खुलता नहीं मेरे सफ़रे ज़िन्दगी का राज़
लाऊं कहां से बन्दा ए साहब नज़र को मैं

हैरां है बू अली[6] कि मैं आया कहां से हूं
रूमी ये सोचता है कि जाऊं किधर को मैं

जाता हूं थोड़ी दूर हर इक राह रौ[7] के साथ
पहचानता नहीं हूं अभी राहबर को मैं

---

1. सूरज 2. ऊंचा आसमान 3. शाम और सुबह का सिलसिला 4. देश 5. जंगल और दरवाज़ा 6. एक दार्शनिक 7. राहगीर पथिक।

(72)

ऐ अह्ले नज़र ज़ौक़े नज़र[1] ख़ूब है लेकिन
जो शै की हक़ीक़त को न देखे वो नज़र क्या

जिससे दिले दरिया मुतलातुम[2] नहीं होता
ऐ क़तरा ए नेसां[3] वो सदफ़[4] क्या वो गुहर[5] क्या

शाइर की नवा[6] हो कि मुग़न्नी[7] का नफ़स[8] हो
जिससे चमन अफ़सुर्दा[9] हो वो बादे सहर[10] क्या

---

1. परख की अभिरुचि 2. तरंगित 3. वर्षा की बूंद 4. सीपी 5. मोती 6. आवाज़ 7. गायक 8. श्वास 9. उदास 10. सुबह की वायु।

(73)

तुझे क्यों फ़िक्र है ऐ गुल! दिले सदचाक[1] बुलबुल की
तू अपने पैरहन[2] के चाक[3] तो पहले रफ़ू[4] कर ले

तमन्ना आबरू[5] की हो अगर गुलज़ारे हस्ती[6] में
तो कांटों में उलझकर ज़िन्दगी करने की ख़ू[7] कर ले

सनोबर बाग़ में आज़ाद भी है पा ब गिल[8] भी है
इन्हीं पाबन्दियों में हासिल आज़ादी को तू कर ले

नहीं ये शाने ख़ुद्दारी[9] चमन से तोड़कर तुझको
कोई दस्तार[10] में रख ले कोई ज़ेबे-गुलू[11] कर ले

चमन में ग़ुंचा ए गुल से ये कहकर उड़ गयी शबनम[12]
मज़ाक़ जोरे गुलचीं[13] हो तो पैदा रंगो बू[14] कर ले

अगर मंज़ूर हो तुझको ख़िज़ां ना आश्ना रहना
जहाने रंगो बू से पहले क़त्ले-आरज़ू कर ले

इसी में देख मुज़मिर[15] है कमाले ज़िन्दगी तेरा
जो तुझको ज़ीनते दामन कोई आईना रू कर ले

---

1. फटा हुआ दिल 2. कपड़ा 3. छेद 4. सिलाई 5. मान 6. संसार रूपी उपवन 7. स्वभाव 8. कीचड़ में सने हुए पांव 9. स्वाभिमान की प्रतिष्ठा 10. पगड़ी 11. गले की शोभा 12. ओस 13. माली द्वारा किया जाने वाला शक्ति परीक्षण 14. रूप और सुगन्ध 15. छिपा हुआ।

(74)

नज़र हयात पे रखता है मर्दे दानिशमन्द
हयात क्या है हुज़ूर ओ फ़लातूं सुरूर ओ नूर ओ वुजूद[1]

निगाह मौत पे रखता है मर्दे दानिशमन्द
हयात है शबे तारीक में शरर की नमूद

हयात ओ मौत नहीं इल्तिफ़ात[2] के लायक़
फ़क़त ख़ुदी है ख़ुदी की निगाह का मक़्सूद

---

1. अस्तित्व का प्रकाश और उसका आनन्द 2. ध्यान।

(75)

सूफ़ी की तरीक़त[1] में फ़क़त मस्ति ए अह्वाल[2]
मुल्ला की शरीअत[3] में फ़क़त मस्ति ए गुफ़तार[4]

शाइर की नवा[5] मुर्दा ओ अफ़सुर्दा व बेज़ौक़
अफ़कार[6] में सरमस्त न ख़्वाबीदा न बेदार

वो मर्दे मुजाहिद[7] नज़र आता नहीं मुझको
हो जिसके रगो पै में फ़क़त मस्ति ए किरदार

---

1. आचरण 2. ख़ुदा के जल्वे में मस्त होना 3. धर्म 4. बातें बनाने की मस्ती 5. आवाज़ 6. चिन्तन 7. पराक्रमी।

(76)

मैं भी हाज़िर था वहां ज़ब्ते सुख़न[1] कर न सका
हक़ से जब हज़रते मुल्ला को मिला हुक्मे बहिश्त[2]

अर्ज़ की मैंने इलाही मिरी तक़्सीर[3] मुआफ़
ख़ुश न आयेंगे इसे हूरो शराबो लबे किश्त[4]

नहीं फ़िर्दौस[5] मुक़ामे जदलो क़ाल ओ अक़्वाल[6]
बहस ओ तक़रार इस अल्लाह के बन्दे की सरिश्त[7]

है बदआमोज़ी ए अक़्वाम ओ मलल[8] काम इसका
और जन्नत में न मस्जिद न कलीसा न कुनिश्त[9]

---

1. बात 2. स्वर्ग में जाने की आज्ञा 3. अपराध 4. हूरें शराब और बाग़ 5. स्वर्ग 6. झगड़ों और वाद-विवाद की जगह 7. स्वभाव 8. विभिन्न लोगों की त्रुटियां गिनवाना 9. मन्दिर।

(77)

मुहब्बत के शरर[1] से दिल सरापा नूर होता है
ज़रा से बीज से पैदा रियाज़े तूर[2] होता है

हवा हर दुःख की है मजरूहे तेग़े आरज़ू रहना
इलाजे ज़ख़्म है आज़ादे एहसाने रफ़ू रहना

शराबे बेख़ुदी से ता फ़लक परवाज़ है मेरी
शिकस्ते रग से सीखा है मैंने बन के बू रहना

थमे क्या दीदा ए गिरिया[3] वतन की नौहाख़्वानी में
इबादत चश्मे शाइर की है हरदम बावज़ू[4] रहना

---

1. चिंगारी 2. तूर का चमन 3. रोने वाली आंख 4. नमाज़ पढ़ने के लिए हाथ-पैर और मुंह धोना।

(78)

क्यों मेरी चांदनी में फिरता है तू परीशां
ख़ामोश सूरते गुल[1] मानिन्दे बू[2] परीशां

तारों के मोतियों का शायद है जौहरी तू
मछली है कोई मेरे दरियाए-नूर[3] की तू

या तू मेरी जबीं[4] का तारा गिरा हुआ है
रिफ़अत[5] को छोड़कर जो पस्ती में जा बसा है

ख़ामोश हो गया है तार ए रबाबे हस्ती[6]
है मेरे आईने में तस्वीर ए ख़्वाबे हस्ती

दरिया की तह में चश्मे गिर्दाब[7] सो गयी है
साहिल से लग के मौजे बेताब[8] सो गयी है

बस्ती ज़मीं की केसी हंगामा आफ़रीं[9] है
यूं सो गयी है जैसे आबाद ही नहीं है

शाइर का दिल है लेकिन ना आश्ना[10] सुकूं[11] से
आज़ाद रह गया तू क्योंकर मेरे फ़ुसूं[12] से

---

1. फूल की भांति 2. सुगन्ध का भांति 3. प्रकाश की नदी 4. माथा 5. ऊंचाई 6. जीवन-वीणा का तार 7. भंवर की आंख 8. व्याकुल लहर 9. हंगामा मचाने वाली 10. अपरिचित 11. शान्ति 12. जादू।

(79)

लबरेज़[1] है शराबे हक़ीक़त[2] से जामे हिन्द[3]
सब फ़लसफ़ी[4] है खित्ता ए मग़रिब[5] के रामे हिन्द

ये हिन्दियों की फिक्रे फ़लक रस का है असर
रिफ़अत[6] में आसमां से भी ऊंचा है बामे हिन्द

इस देश में हुए हैं हज़ारों मलक सरिश्त[7]
मशहूर जिनके दम से है दुनिया में नामे हिन्द

है राम के वुजूद[8] से हिन्दोस्तां को नाज़
अह्ले नज़र[9] समझते हैं उसको इमामे हिन्द

एजाज़[10] इस चिराग़े हिदायत का है यही
रौशन तराज़ सहर है ज़माने में शामे हिन्द

तलवार का धनी था शुजाअत[11] में फ़र्द[12] था
पकीज़गी[13] में जोशे मुहब्बत में फ़र्द था

---

1. भरा हुआ 2. शराबरूपी सच्चाई 3. भारत का स्वरूप 4. दार्शनिकता 5. पश्चिम का क्षेत्र 6. उच्चता 7. फरिश्ते-जैसे स्वभाव वाले लोग 8. अस्तित्व 9. लोग 10. चमत्कार 11. वीरता 12. अद्वितीय 13. पवित्रता।

(80)

रूहे अर्ज़ी आदम का इस्तक़बाल करती है
खोल आंख, ज़मीं देख, फ़लक देख, फ़ज़ा देख

मशरिक़ से उभरते हुए सूरज को ज़रा देख
इस जल्वा ए बे परदा को परदों में छुपा देख

अय्यामे जुदाई[1] के सितम देख जफ़ा देख
बेताब न हो, मारका ए बीम ओ जा[2] देख

हैं तेरे तसर्रुफ़[3] में ये बादल ये घटाएं
ये गुम्बदे अफ़्लाक ये ख़ामोश फ़ज़ाएं

ये कोह ये सहरा ये समन्दर ये हवाएं
थीं पेशे नज़र कल तो फ़रिश्तों की अदाएं

आईना ए अय्याम में आज अपनी अदा देख
समझेगा ज़माना तेरी आंखों के इशारे

देखेंगे तुझे दूर से गरदूं[4] के सितारे
नापैद तेरे बहरे तख़य्युल के किनारे

पहुंचेंगे फ़लक तक तेरी आहों के शरारे
तामीरे ख़ुदी[5] कर, असर आहे रसा[6] देख

---

1. विरह का दिन 2. भय और स्वीकृति की लड़ाई 3. अधीन 4. आकाश 5. स्वयं का निर्माण 6. दूर तक पहुंचने वाली आह का प्रभाव॥

(81)

खुरशीदे जहां ताब की ज़ौ[1] तेरे शरर में
आबाद है इक ताज़ा जहां तेरे हुनर में

जचते नहीं बख़्शे हुए फ़िर्दोस नज़र में
जन्नत तेरी पिन्हां है तेरे ख़ूने जिगर में

ऐ पैकरे गुल कोशिशे पैहम की जज़ा देख
नालिन्दा[2] तेरे औद[3] का हर तार अज़ल से

तू जिंसे मुहब्बत का ख़रीदार अज़ल से
तू पीरे सनमख़ाना ए असरार[4] अज़ल से

मेहनतकश ओ ख़ूंरेज़ ओ कमआज़ार[5] अज़ल से
है राकिबे तक़दीरे जहां[6] तेरी रज़ा देख

---

1. चमक 2. रोने वाले 3. बाजा 4. रहस्यों के मन्दिर का पुजारी 5. परिश्रमी और पसीना बहाने वाला 6. दुनिया के भाग्य का सवार।

(82)

ये गुम्बदे मीनाई[2] ये आलमे तनहाई[3]
मुझको तो डराती है इस दश्त[4] की पह्नाई[5]

भटका हुआ राही मैं भटका हुआ राही तू
मंज़िल है कहां तेरी ऐ लाला ए सहराई[6]

तू शाख़ से क्यों फूटा मैं शाख़ से क्यों टूटा
इक जज़्बा ए पैदाई[7] इक लज़्ज़ते यकताई[8]

उस मौज[9] के मातम में रोती है भंवर की आंख
दरिया से उठी लेकिन साहिल से न टकरायी

है गरमि ए आदम[10] से हंगाम ए आलम[11] गर्म
सूरज भी तमाशाई तारे भी तमाशाई

---

1. मरुस्थल का फूल 2. आकाश का गुम्बद 3. एकान्तावस्था 4. जंगल 5. विस्तार 6. मरुस्थल में उगे हुए फूल 7. पैदा होने की भावना 8. अकेलेपन का आनन्द 9. लहर 10. मनुष्य के कर्म 11. संसार की संघर्षशीलता।

(83)

था जिन्हें ज़ौक़े तमाशा वो तो रुख़्सत हो गये
ले के अब तू वादा ए दीदारे आम आया तो क्या

अंजुमन से वो पुराने शोला आशाम उठ गये
साक़िया! महफ़िल में तू आतिश बजाम आया, तो क्या

आह! जब गुलशन की जमी'यत[1] परीशां हो चुकी
फूल की बादे बहारी का पयाम[2] आया तो क्या

आख़िरे शब दीद के क़ाबिल[3] थी बिस्मिल[4] की तड़प
सुबह दम कोई अगर बालाए बाम आया तो क्या

(84)

शम्ए महफ़िल हो के तू जब सोज़ से ख़ाली रहा
तेरे परवाने भी इस लज़्ज़त से बेगाने रहे

रिश्ता ए उल्फ़त[5] में जब उनको पिरो सकता था तू
फिर परीशां क्यों तेरी तस्बीह[6] के दाने रहे

शौक़े बे परवा गया फिक्रे फ़लक पैमा[7] गया
तेरी महफ़िल में न दीवाने न फ़र्ज़ानें[8] रहे

वो जिगर सोज़ी नहीं वो शोला आशामी नहीं
फ़ायदा फिर क्या जो गिर्दे शम्आ परवाने रहे

खैर तू साक़ी सही लेकिन पिलायेगा किसे
अब न वो मैकश रहे बाक़ी न मैख़ाने रहे

---

1. सन्तोष 2. वसन्त ऋतु की हवा 3. सन्देश 4. घायल 5. प्यार का सम्बन्ध 6. माला 7. चिन्तन 8. दीपक के चारों ओर।

(85)

मैं तेरे चांद की खेती में गुहर[1] बोता हूं
छुप के इंसानों से मानिन्दे सहर[2] रोता हूं

दिल की शोरिश[3] में निकलते हुए शर्माते हैं
उज़्लते शब[4] में मेरे अश्क टपक जाते हैं

मुझमें फ़र्याद[5] जो पिन्हां[6] है सुनाऊं किसको
तपिशे शौक़[7] का नज़्ज़ारा[8] दिखाऊं किसको

बर्क़े ऐमन मेरे सीने में पड़ी रोती है
देखने वाली है जो आंख कहां सोती है

सिफ़ते शम्मए लहद[9] मुर्दा महफ़िल है तेरी
आह ऐ रात बड़ी दूर है मंज़िल मेरी

अह्दे हाज़िर[10] की हवा रास नहीं है मुझको
अपने नुकसान का एहसास नहीं है मुझको

ज़ब्ते पैगामे मुहब्बत[11] से जो घबराता हूं
तेरे ताबिन्दा[12] सितारों को सुना जाता हूं

---

1. मोती 2. प्रातःकाल की भांति 3. हंगामा 4. रात का एकान्त 5. प्रलाप 6. छिपा हुआ 7. आकाशरूपी गरमी 8. दृश्य 9. क़ब्र के दीपक की भांति 10. वर्तमान समय 11. प्रेम को छिपाये रखना 12. अधीन।

(86)

किया मैंने उस ख़ाकदां[1] से किनारा
जहां रिज़्क[2] का नाम है आब ओ दाना[3]

बयाबां[4] की ख़िल्वत[5] ख़ुश आती है मुझको
अज़ल[6] से है फ़ितरत मेरी राहिबाना[7]

न बादे बहारी न गुलचीं[8] न बुलबुल
न बीमारिए नग़्मा ए आशिक़ाना

ख़याबानियों से है परहेज़[9] लाज़िम[10]
अदाएं हैं उनकी बहुत दिलबराना

हवाए बयाबां से होती है कारी
जवां मर्द की ज़र्बते ग़ाज़ियाना

हमाम ओ कबूतर का भूखा नहीं मैं
कि है ज़िन्दगी बाज़ की ज़ाहिदाना[11]

झपटना पलटना पलटकर झपटना
लहू गर्म रखने का है इक बहाना

परिन्दों की दुनिया का दरवेश[12] हूं मैं
कि शाहीं बनाता नहीं आशियाना

---

1. मिट्टी करने वाला 2. रोज़ी 3. पानी और हवा 4. जंगल 5. एकान्त 6. सृष्टि के आदिकाल से 7. विरक्तिपूर्ण 8. माली 9. निषिद्ध 10. आवश्यक 11. धर्मात्मापन 12. संन्यासी।

(87)

सूरज ने दिया अपनी शुआओं[1] को ये पैग़ाम
दुनिया है अजब चीज़ कभी सुब्ह कभी शाम

मुद्दत से तुम आवारा हो पहना ए फ़ज़ा[2] में
बढ़ती ही चली जाती है बेमेहिए अय्याम[3]

ने रेत के ज़र्रों पे चमकने में है राहत
ने मिस्ले सबा तोफ़े गुल ओ लाला[4] में आराम

फिर मेरे तजल्लीकदए दिल[5] में समा जाओ
छोड़ो चमनिस्तान ओ बयाबान ओ दर ओ बाम

---

1. किरणों 2. विस्तृत वातावरण में 3. ज़माने की क्रूरता 4. फूलों की परिक्रमा 5. दिलरूपी प्रकाश पर।

(88)

बन्दा ए मज़दूर को जाकर मेरा पैग़ाम दे
ख़िज्र का पैग़ाम क्या है ये पयामे काइनात

ऐ कि तुझको खा गया सरमायेदारे हीलागर[1]
शाख़े आहू पर रही सदियों तलक तेरी बरात[2]

दस्ते दौलत आफ़रीं[3] को मुज़्द[4] यूँ मिलती रही
अह्ले सरवत[5] जैसे देते हैं ग़रीबों को ज़क़ात[6]

नस्ल क़ौमिय्यत कलीसा सल्तनत तहज़ीब रंग
ख़्वाजगी[7] ने ख़ूब चुन-चुनकर बनाये मुस्करात[8]

कट मरा नादां ख़याली देवताओं के लिए
सुक्र[9] की लज़्ज़त में तू लुटवा गया नक़्दे हयात

मक्र की चालों से बाज़ी ले गया सरमायादार
इन्तिहा ए सादगी में खा गया मज़्दूर मात

उठ कि अब बज़्मे जहां का और ही अन्दाज़ है
मशरिक ओ मग़रिब[10] में तेरे दौर का आग़ाज़ है

---

1. बहानेबाज़ पूंजीपति 2. थोड़ा अंश तुझे भी मिलता रहे 3. रुपया कमाने वाला हाथ 4. मज़दूरी 5. धनी लोग 6. भीख 7. राजापन 8. नशीले पदार्थ 9. नशा 10. पूरब और पश्चिम।

(89)

हिम्मते आली तो दरिया भी नहीं करती क़बूल
ग़ुंचा-साले[1] ग़ाफ़िल तेरे दामन में शबनम कब तलक

नग़मए बेदारि ए जम्हूर[2] है सामाने ऐश
क़ज़यए ख़्वाब आवरे इसकन्दर ओ जम कब तलक

आफ़ताबे ताज़ा[3] पैदा बतने गेती[4] से हुआ
आसमां डूबे हुए तारों का मातम कब तलक

तोड़ डाली फ़ितरते इंसां ने ज़जीरें तमाम
दूरि ए जन्नत से रोती चश्मे आदम कब तलक

बाग़बाने चारा फ़र्मा[5] से ये कहती है बहार
ज़ख़्मे गुल के वास्ते तद्बीरे मरहम कब तलक

किर्मके नादां[6] तवाफ़े शम्आ[7] से आज़ाद हो
अपनी फ़ितरत के तजल्लीज़ार[8] में आबाद हो

---

1. कली की भांति 2. राष्ट्र की जागृति 3. नया सूरज 4. संसार का पेट 5. चिकित्सा करने वाला माली
6. हे मूर्ख पतंगे 7. दीपक के चारों ओर घूमना 8. वह स्थान जहां प्रकाश ही प्रकाश हो।

(90)

नशा पिला के गिराना तो सबको आता है
मज़ा तो जब है कि गिरतों को थाम ले साक़ी

जो बादाकश[1] थे पुराने वो उठते जाते हैं
कहीं से आबे बक़ा ए दवाम[2] ले साक़ी

कटी है रात तो हंगामा गुस्तरी[3] में तेरी
सहर[4] क़रीब है अल्लाह का नाम ले साक़ी

---

1. शराबी 2. अमृत जल 3. बिस्तर के हंगामे 4. प्रातःकाल।

(91)

हुआ ख़ेमाज़न कारवाने-बहार
इरम बन गया दामने कोहसार

गुल ओ नरगिस व सोसन व नसरीन
शहीदे-अज़ल लाल ख़ूनीं कफ़न

जहां घुप गया परदा ए रंग में
लहू की है गदिश रगे संग में

फ़ज़ा नीली-नीली हवा में सुरूर
ठहरते नहीं आशियां में तयूर[1]

वो जू ए कुहिस्तां[2] उचकती हुई
अटकती लचकती, सरकती हुई

रुके जब तो सिल चीर देती है ये
पहाड़ों के दिल चीर देती है ये

ज़रा देख ऐ साक़ी ऐ लाला फ़ाम
सुनाती है ये ज़िन्दगी का पयाम

पिला दे मुझे वो मए परदा सोज़
कि आती नहीं, फ़स्ले गुल रोज़-रोज़

---

1. पक्षी 2. पहाड़ी नाला।

(92)

वो मै जिससे रौशन ज़मीरे हयात[1]
वो मै जिससे है मस्ति ए कायनात

वो मै जिसमें हैं सोज़ ओ साज़े अज़ल
वो मैं जिससे खुलता है राज़े अज़ल[2]

उठा साक़िया परदा इस राज़ से
लड़ा दे ममोले[3] को शहबाज़ से

ज़माने के अन्दाज़ बदले गये
नया राग है साज़ बदले गये

हुआ इस तरह फ़ाश राजे फ़िरंग
कि हैरत में है शीशा बाज़े फ़िरंग

पुरानी सियासत-गिरी ख़्वार है
ज़मीं मीर ओ सुल्तां से बेज़ार है

गया दौरे सरमायादारी गया
तमाशा दिखाकर मदारी गया

गरां ख़्वाब[4] चीनी संभलने लगे
हिमाला के चश्मे उबलने लगे

---

1. जीवनरूपी दिल 2. अनादिकाल का रहस्य 3. छोटा पक्षी 4. गहरी नींद में सोने वाले।

(93)

दिले तूर ओ सीना[1] वफ़ा रां दो नीम[2]
तजल्ली का फिर मुन्तज़िर है कलीम

मुसलमां है तौहीद में गर्म जोश
मगर दिल अभी तक है ज़ुन्नार पोश[3]

तमद्दुन[4] तसव्वुफ़[5] शरीअत[6] कलाम
बुताने अजम के पुजारी तमाम

हक़ीक़त ख़ुराफ़ात[7] में खो गयी
ये उम्मत रवायात[8] में खो गयी

लुभाता है दिल को कलामे ख़तीब[9]
मगर लज़्ज़ते शौक़ से बे नसीब

बयां[10] उनका मन्तिक़[11] से सुलझा हुआ
लुग़त के बखेड़ों में उलझा हुआ

वो सूफ़ी कि था ख़िदमते हक़ में मर्द
मुहब्बत में यकता हमीयत में फ़र्द

अजम[12] के ख़यालात में खो गया
ये सालिक[13] मुक़ामात में खो गया

---

1. तूर और पर्वत का दिल। 2. प्यार के दो टुकड़े 3. जनेऊ पहने हुए 4. संस्कृति 5. तन्मयता 6. ईश्वरीय नियम 7. उपद्रव 8. कहावत 9. व्याख्यान देने वाले की बात 10. वर्णन 11. तर्क 12. ईरान 13. यात्री।

(94)

बुझी इश्क़ की आग अन्धेर है
मुसलमां नहीं राख का ढेर है

शराबे कुहन[1] फिर पिला साक़िया
वही जाम गर्दिश[2] में ला साक़िया

मुझे इश्क़ के पर लगा के उड़ा
मेरी ख़ाक जुगनू बनाकर उड़ा

ख़िरद[3] को ग़ुलामी से आज़ाद कर
जवानों को पीरों का उस्ताद कर

हरी शाख़े मिल्लत[4] तेरे नम से है
नफ़स इस बदन में तेरे दम से है

तड़पने फड़कने की तौफ़ीक़[5] दे
दिले मुर्तज़ा[6] सोज़े सिद्दीक़[7] दे

जिगर से वही तीर फिर पार कर
तमन्ना को सीने में बेदार कर

तेरे आसमानों के तारों की ख़ैर
ज़मीनों के शब ज़िन्दादारों[8] की खैर

---

1. पुरानी शराब 2. चक्र 3. बुद्धि 4. धर्म की शाखा 5. हौसला 6. हज़्रत अली का दिल 7. ऐसी जलन जिस पर भरोसा किया जा सके 8. रात की पूजा करने वाले।

(95)

जवानों को सोज़े जिगर बख़्श दे
मेरा इश्क़, मेरी नज़र बख़्श दे

मिरी नाव गिर्दाब से पार कर
ये साबित है तू इसको सैयार[1] कर

बता मुझको असरारे मर्ग ओ हयात[2]
कि तेरी निगाहों में है कायनात

मिरे दीदा ए तर की बेख़्वाबियां
मिरे दिल की पोशीदा[3] बेताबियां

मिरे नाला ए नीमशब का नियाज़
मिरी ख़लवत ओ अंजुमन[4] का गुदाज़

उमंगें मिरी आरज़ूएँ मिरी
उमीदें मिरी जुस्तजूएं मिरी

मिरी फ़ितरत आईना ए रोज़गार[5]
ग़ज़ालाने अफ़्कार[6] का मुर्ग़ज़ार[7]

मिरा दिल मिरी रज़्मगाहे[8] हयात
गुमानों के लश्कर यक़ीं का सबात[9]

---

1. चलने वाले नक्ष 2. जीवन और मृत्यु का रहस्य 3. छिपी हुई 4. एकान्त सभा 5. दुनिया का दर्पण 6. चिन्तनरूपी हरिण 7. दुर्बल मुर्ग 8. जीवनरूपी युद्धक्षेत्र 9. स्थिरता।

(96)

यही कुछ है साक़ी मता ए फ़क़ीर
इसी से फ़क़ीरी में हूं मैं अमीर

मिरे क़ाफ़िले में लुटा दे उसे
लुटा दे ठिकाने लगा दे उसे

दमादम रवां है यमे ज़िन्दगी[1]
हर इक शै से पैदा रमे ज़िन्दगी[2]

इसी से हुई है बदन की नमूद
कि शोले में पोशीदा है मौजे दूद[3]

गिरां[4] गर्चे है सुहबते आब ओ गिल[5]
ख़ुश आयी उसे मेहनते आब ओ गिल

ये साबित भी है और सैयार[6] भी
अनासिर[7] के फन्दों से बेज़ार भी

ये वहदत है कसरत में हरदम असीर
मगर हर कहीं बेचगूं[8] बे नज़ीर

पसन्द उसको तक़रार की ख़ू नहीं
कि तू मैं नहीं और मैं तू नहीं

---

1. जीवन के रहस्य का स्थान 2. जीवन की दौड़ 3. धुएं की लहर 4. नागवार 5. मिट्टी और पानी का मिलना 6. घूमने वला सितारा 7. पंचभूत 8. अद्वितीय।

(97)

मन ओ तो[1] से है अंजुमन आफरीं[2]
मगर ऐन महफ़िल में ख़लवतनशीं[3]

चमक उसकी बिजली में तारे में है
ये चांदी में, सोने में पारे में है

उसी के बयाबां, उसी के बबूल
उसी के हैं कांटे, उसी के हैं फूल

कहीं उसकी ताक़त से कोहसार[4] चूर
कहीं उसके फन्दे में जिबरील ओ हूर

कहीं जर्रा शाहींने सीमाब रंग
लहू से चकोरों के आलूदा चंग

कबूतर कहीं आशियाने से दूर
फड़कता हुआ जाल में नासबूर[5]

फ़रेबे नज़र[6] हैं सुकून ओ सबात[7]
तड़पता है हर ज़र्रा ए कायनात

ठहरता नहीं कारवाने वज़ूद[8]
कि हर लहज़ा है ताज़ा शाने वज़ूद

---

1. मैं और तू 2. महफ़िल का आरम्भ 3. एकान्त में लीन 4. पर्वत 5. बेसब्र 6. दृष्टि का धोखा 7. सुख-शान्ति 8. अस्तित्व का कारवां।

(98)

समझता है तू राज़ है ज़िन्दगी
फ़क़त ज़ौके परवाज़[1] है ज़िन्दगी

बहुत उसने देखे हैं पस्त ओ बुलन्द[2]
सफ़र उसको मंज़िल से बढ़कर पसन्द

सफ़र ज़िन्दगी के लिए बर्ग ओ साज़
सफ़र है हक़ीक़त हज़र है मजाज़

उलझकर सुलझाने में लज़्ज़त[3] उसे
तड़पने फड़कने में राहत उसे

हुआ जब उसे सामना मौत का
कठिन था बड़ा थामना मौत का

उतरकर जहाने मकाफ़ात[4] में
रही ज़िन्दगी मौत की घात में

मज़ाके दुई से बनी ज़ौज-ज़ौज
उठी दश्त ओ कोहसार[5] से फ़ौज-फौज

गुल उस शाख़ से टूटते भी रहे
उसी शाख़ से फूटते भी रहे

---

1. उड़ने का शौक़ 2. ऊंचा-नीचा 3. स्वाद 4. बदले की दुनिया 5. पर्वत और जंगल।

(99)

समझते हैं नादां उसे बे सबात[1]
उभरता है मिट-मिट के नक़्शे हयात[2]

बड़ी तेज़ जौलां[3] बड़ी ज़ूद रस[4]
अज़ल[5] से अबद[6] तक रमे यक नफ़स

ज़माना कि जंजीरे अय्याम है
दमों के उलट-फेर का नाम है

ये मौजे नफ़स क्या है तलवार है
ख़ुदी क्या है तलवार की धार है

ख़ुदी क्या है राज़े दरूने हयात[7]
ख़ुदी क्या है बेदारि ए कायनात

ख़ुदी जलवा बदमस्त ओ ख़ल्वतपसन्द
समन्दर है इक बूंद पानी में बन्द

अंधेरे-उजाले में है ताबनाक
मन ओ तू[8] में पैदा मन ओ तू से पाक

अज़ल उसके पीछे अबद सामने
न हद उसके पीछे, न हद सामने

---

1. अस्थिर 2. जीवन का उद्देश्य 3. तेज़ चलने वाली 4. जल्दी पहुंचने वाली 5. आदिकाल 6. प्रलय के दिन तक 7. जीवनरूपी दिल का रहस्य 8. मैं और तू।

(100)

ज़माने के दरिया में बहती हुई
सितम उसकी मौजों के सहती हुई

तजस्सुस राहें बदलती हुई
दमादम की निगाहें बदलती हुई

सुबुक[1] उसके हाथों में संगे गरां[2]
पहाड़ उसकी ज़र्बों से रेगे रवां[3]

सफ़र उसका अंजाम ओ आग़ाज़ है
यही उसकी तक़वीम[4] का राज़ है

किरन चांद में है शरर संग में
ये बेरंग है डूबकर रंग में

उसे वास्ता क्या कम ओ बेश से
नशेब ओ फ़राज़ ओ पस ओ पेश[5] से

अज़ल से है ये कशमकश में असीर
हुई ख़ाके आदम में सूरत पिज़ीर[6]

ख़ुदी का नशेमन तेरे दिल में है
फ़लक जिस तरह आंख के तिल में है

---

1. हलका 2. भारी पत्थर 3. बहने वाला कण 4. पधांग 5. ऊंच-नीच और आगे-पीछे 6. सूरत का स्वीकार करना।

(101)

ख़ुदी के निगहबां को है ज़हरे नाब[1]
वो नां[2] जिससे जाती रहे उसकी आब[3]

वही नां है नयी उसके लिए अर्जुमन्द[4]
रहे जिससे दुनिया में गरदन बुलन्द

वही सिज्दा है लायक़े एहतमाम[5]
कि हो जिससे हर सिज्दा तुझ पर हराम

ये आलम ये हंगामा ए रंगो सौत[6]
ये आलम कि है ज़ेरे फ़र्माने मौत

ख़ुदी की ये है मंज़िले अव्वली[7]
मुसाफ़िर ये तेरा नशेमन नहीं

तेरी आग इस ख़ाकदां[8] से नहीं
जहां तुझसे है, तू जहां से नहीं

बढ़े जा ये कोहे गरां तोड़कर
तिलस्मे ज़मान ओ मकां[9] तोड़कर

ख़ुदी शेरे मौला[10] जहां उसका सैयद[11]
ज़मीं उसकी सैयद आसमां उसका सैयद

---

1. शुद्ध विष 2. रोटी 3. प्रतिष्ठा 4. प्रतिष्ठित 5. सम्मान के योग्य 6. आवाज़ और रंगों का शोर 7. सबसे पहला उद्देश्य 8. मिट्टी डालने वाला 9. घर और समाज 10. ख़ुदा का शे'र 11. शिकार।

(102)

जहां और भी हैं अभी बे नमूद
कि ख़ाली नहीं हैं ज़मीरे वुजूद[1]

हर इक मुन्तज़िर तेरी यलग़ार[2] का
तेरी शोख़ि ए फ़िक्र ओ किरदार का

---

1. दिल का अस्तित्व 2. आक्रमण।

(103)

तिरी निगाह में है मोअजिज़ात[1] की दुनिया
मेरी निगाह में है हादिसात[2] की दुनिया

तख़य्युलात[3] की दुनिया ग़रीब है लेकिन
ग़रीबतर है हयात ओ मुमात[4] की दुनिया

अजब नहीं है कि बदल दे उसे निगाह तिरी
बुला रही है तुझे मुमकिनात[5] की दुनिया

---

1. चमत्कार 2. घटनाएं 3. कल्पनाएं 4. जीवन और मृत्यु 5. वे बातें जिनका होना सम्भव हो।

(104)

ख़ुदा से हुस्न ने इक रोज़ ये सवाल किया
जहां में क्यों न मुझे तूने लाज़वाल[1] किया

मिला जवाब कि तस्वीरख़ाना है दुनिया
शबे दराज़[2] अदम[3] का फ़साना है दुनिया

हुई है रंगे तग़य्युर[4] से जब नमूद[5] इसकी
वही हसीं है हक़ीक़त ज़वाल[6] है जिसकी

कहीं क़रीब था ये गुफ़्तगू क़मर[7] ने सुनी
फ़लक[8] पे आम हुई अख़्तरे सहर[9] ने सुनी

सहर ने तारे से सुनकर सुनायी शबनम को
फ़लक की बात बता दी ज़मीं के महरम[10] को

भरआए फूल के आंसू पयामे शबनम से
कली का नन्हासा दिल ख़ून हो गया ग़म से

चमन से रोता हुआ मौसमे बहार[11] गया
शबाब[12] सैर को आया था सोगवार[13] गया

---

1. अमर 2. लम्बी रात 3. मृत्यु 4. परिवर्तन का रंग 5. उत्पत्ति 6. मिटना 7. चांद 8. आकाश 9. प्रातःकाल का तारा शुक्रग्रह 10. अन्तरंग मित्र 11. वसन्त ऋतु 12. यौवन 13. शोकग्रस्त।

(105)

ऐ हिमाला![1] ऐ फ़सीले किश्वरे हिन्दोस्तां[2]
चूमता है तेरी पेशानी[3] को झुककर आसमां

तुझमें कुछ पैदा नहीं देरीना रोज़ी[4] के निशां
तू जवां है गर्दिशे शाम ओ सहर के दरमियां[5]

एक जल्वा था कलीमे तूरे सीना के लिए
तू तजल्ली[6] है सरापा[7] चश्मे बीना के लिए

इम्तिहाने दीदा ए ज़ाहिर में कोहिस्तां है तू
पासबां अपना है तू दीवारे हिन्दुस्तां है तू

मतला ए अव्वल फ़लक जिसका हो वो दीवां है तू
सू ए ख़लवतगाहे दिल[8] दामनकशे इंसां है तू

बर्फ़ ने बांधी है दस्तारे फ़ज़ीलत[9] तेरे सर
ख़न्दाज़न[10] है जो कुलाहे मेह्रे आलमताब पर

तेरी उम्रे रफ़ता की इक आन है अह्दे कुहन[11]
वादियों में हैं तेरी काली घटाएं ख़ेमा ज़न

---

1. हिमालय पर्वत 2. भारत देश की चहारदीवारी 3. माथा 4. प्राचीन रोज़गार 5. बीच में 6. प्रकाश 7. सिर से पांव तक 8. दिलरूपी एकान्तस्थल की ओर 9. प्रतिष्ठा की पगड़ी 10. हंसने वाले 11. प्राचीनकाल।

(106)

चोटियां तेरी सुरैया[1] से हैं सरगर्मे सुख़न[2]
तू ज़मीं पर और पहना ए फ़लक तेरा वतन

चश्मए दामन तेरा आईना ए सैय्याल[3] है
दामने मौजे हवा जिसके लिए रूमाल है

अब्र[4] के हाथों में रहवारे हवा के वास्ते
ताज़ियाना[5] दे दिया बर्क़े सरे कोहसार[6] ने

ऐ हिमाला! कोई बाज़ीगाह है तू भी जिसे
दस्ते क़ुदरत[7] ने बनाया है अनासिर[8] के लिए

हाय क्या फ़र्ते तरब में झूमता जाता है अब्र
फ़ील्रे बे ज़ंजीर[9] की सूरत उड़ा जाता है अब्र

जुम्बिशे मौजे नसीमे सुब्ह[10] गह्वारा[11] बनी
झूमती है नश्शा ए हस्ती में हर गुल की कली

यूं ज़बाने बर्ग से गोया है उसकी ख़ामुशी
दस्ते गुलचीं[12] की झटक मैंने नहीं देखी कभी

---

1. छह नक्षत्र 2. बात करने को तैयार 3. पतला अईना 4. बादल 5. कोड़े मारने की सज़ा 6. पहाड़ों पर चमकने वाली बिजली 7. प्रहरति के हाथ 8. चार तत्त्वों के लिए 9. आज़ाद हाथी 10. प्रातःकाल की हवा का झोंका 11. हडोला 12. माली के हाथों।

(107)

कह रही है मेरी ख़ामोशी ये अफ़साना मिरा
कुंजे ख़ुलवत ख़ाना ए क़ुदरत है काशाना[1] मेरा

आती है नद्दी फ़राज़े कोह[2] से गाती हुई
कौसर[3] ओ तस्नीम की मौजों को शर्माती हुई

आईना-सा शाहिदे[4] क़ुदरत को दिखलाती हुई
संगे रह[5] से गाह[6] बचती गाह टकराती हुई

छेड़ती जा इस इराक़े दिलनशीं के साज़ को
ऐ मुसाफ़िर! दिल समझता है तेरी आवाज़ को

लैलि ए शब खोलती है आ के जब ज़ुल्फ़े रसा[7]
दामने दिल खेंचती है आबशारों की सदा

वो ख़मोशी शाम की जिस पर तकल्लुम हो फ़िदा
वो दरख़्तों[8] पर तफ़क्कुर[9] का समां छाया हुआ

कांपता फिरता है क्या रंगे शफ़क़[10] कोहसार[11] पर
ख़ुशनुमां लगता है ये ग़ाज़ा तेरे रुख़सार[12] पर

ऐ हिमाला! दास्तां उस वक्त की कोई सुना
मस्कने आबा ए इन्सां[13] जब बना दामन तेरा

---

1. घर 2. पहाड़ की ऊंचाई 3. स्वर्ग की नदी 4. प्रहरतिरूपी गवाह 5. रास्ते का पत्थर 6. कभी 7. सब केश 8. वृक्ष 9. चिन्ता 10. प्रातःकाल या सायंकाल आकाश की लालिमा 11. पर्वत 12. गाल 13. इंसान के पूर्वजों ने रहने का स्थान।

(108)

कुछ बता उस सीधी-सादी ज़िन्दगी का माजरा[1]
दाग़ जिस पर ग़ाज़ा ए रंगे तकल्लुफ़ का न था

हां दिखा दे ऐ तसव्वुर फिर वो सुब्ह ओ शाम तू
दौड़ पीछे की तरफ़ ऐ गर्दिशे अय्याम[2] तू

1. घटना 2. भाग्यचक्र।

(109)

बिठा के अर्श[1] पे रक्खा है तूने ऐ वाइज़
खुदा वो क्या है जो बन्दों से एहतराज़[2] करे

मिरी निगाह में वो रिन्द[3] ही नहीं साकी
जो होशियारी-ओ-मस्ती में इम्तियाज[4] करे

सुख़न[5] में सोज़े-इलाही[6] कहां से आता है
यह चीज़ वो है कि पत्थर को भी गुदाज़[7] करे

गुरुरे-ज़ोहद ने सिरवला दिया है वाइज़ को
कि बन्दगाने-खुदा पर ज़बाँ दराज[8] करे

हवा हो ऐसी कि हिन्दोस्ताँ से ऐ 'इक़बाल'
उड़ा के मुझ को गुबारे-रहे-हिजाज़[9] करे

---

1. आकाश 2. बचना 3. शराबी 4. अन्तर 5. बातचीत 6. खुदा का दर्द 7. नरम 8. लम्बी 9. हिजाज़ (धार्मिक स्थान) की धूल

(110)

ममकिन है कि तू जिसको समझता है बहाराँ
औरों की निगाहों में वो मौसम हो रिवज़ां का

है सिलसिला अहवाल[1] का हर लहज़ा[2] दिगरगूँ[3]
ऐ सालिके-रह[4] फ़िक्र न कर सूदो-ज़ियां[5] का

शायद कि ज़मीं है यह किसी और जहां की
तू जिसको समझता है फ़लक[6] अपने जहां का

---

1. हालात 2. क्षण 3. गड़बड़, ख़राब 4. राही 5. लाभ-हानि 6. आकाश

(111)

वजूदे-ज़न[1] से है तस्वीरे-कायनात में रंग
इसी के साज़ से है ज़िन्दगी का सोज़े-दरूँ

शरफ़[2] में बढ़के सुरैया[3] से मुश्ते-ख़ाक[4] इसकी
कि हर शरफ़ है इसी दुर्ज का दुरे मकनूँ

मकालमाते-फ़लातूँ[5] न लिख सकी लेकिन!
इसी के शोले से टूटा शरारे-अफ़लातूँ[6]

---

1. औरत का अस्तित्व 2. दर्जा, स्तर 3. एक गृह का नाम 4. एक मुट्ठी धूल (अर्थात् आदमी जो कि एक मुट्ठी धूल से बना है) 5. प्रसिद्ध दार्शनिक 6. अफलातून के संवाद संदूक में छिपा हुआ मोती

(112)

अक्ल गो आस्तां[1] से दूर नहीं
उसकी तक़दीर में हुज़ूर[2] नहीं

दिले बीना[3] भी कर खुदा से तलब
आंख का नूर दिल का नूर नहीं

इल्म में भी सुरूर है लेकिन
ये वो जन्नत है, जिसमें हूर नहीं

इक जुनूं[4] है, कि बाशऊर[5] भी है
इक जुनूं है कि बाशऊर नहीं

नासबूरी[6] है ज़िन्दगी दिल की
आह! वो दिल कि नासबूर नहीं

बेहुज़ूरी है तेरी मौत का राज़
ज़िन्दा हो, तू तो बे हुज़ूर नहीं

हर गुहर[7] ने सदफ़[8] को तोड़ दिया
तू ही आमादा ए ज़हूर[9] नहीं

---

1. घर की चौखट 2. भगवान 3. पारखी दिल 4. उन्माद 5. विवेकपूर्ण 6. बेसब्री 7. मोती 8. सीप 9. प्रत्यक्ष रूप में सामने आने को तैयार।

(113)

अगर कज रौ[1] हैं अंजुम[2] आसमां तेरा है या मेरा
मुझे फ़िक्रे जहां[3] क्यों हो, जहां तेरा है या मेरा

अगर हंगामा हाय शौक़ से है लामकां खाली
ख़ता[4] किसकी है यारब, लामकां तेरा है या मेरा

उसे सुब्हे अज़ल इनकार की जुर्रत हुई क्योंकर
मुझे मालूम क्या, वो राज़दां[5] तेरा है या मेरा

मुहम्म्द भी तेरा, जिबरील[6] भी, कुरआन भी तेरा
मगर ये हर्फ़े शीरीं[7] तर्जुमां[8] तेरा है या मेरा

इसी कौकब[9] की ताबानी[10] से है तेरा जहां रौशन
जवाले आदमी ख़ाक़ी[11] ज़ियां [12] तेरा है या मेरा

---

1. टेढ़े चलने वाले 2. सितारे 3. संसार की चिन्ता 4. अपराध 5. भेदिया 6. कृपा करने वाला फ़रिश्ता 7. मीठा शब्द 8. दुभाषिया 9. बहुत चमकता सितारा 10. प्रकाश 11. मिट्टी से बने मनुष्य का पतन 12. हानि॥

(114)

अजब वाइज़[1] की दीनदारी[2] है यारब
अदावत है, उसे सारे जहां से

कोई अब तक न ये समझा कि इन्सां
कहां जाता है, आता है कहां से

वहीं से रात को ज़ुल्मत[3] मिली है
चमक तारे ने पायी है जहां से

हम अपनी दर्दमन्दी का फ़साना
सुना करते हैं अपने राज़दां से

बड़ी बारीक हैं वाइज़ की चालें
लरज़[4] जाता है आवाज़े-अज़ां[5] से

---

1. धर्मोपदेशक 2. धार्मिकता 3. अन्धकार 4. कांपना 5. अज़ान की आवाज़ से।

(115)

अनोखी वज़्आ[1] है, सारे ज़माने से निराले हैं
ये आशिक़ कौन-सी बस्ती के यारब रहने वाले हैं

इलाजे दर्द में भी दर्द की लज़्ज़त[2] पे मरता हूं
जो थे छालों में कांटे नोके-सोज़न[3] से निकाले हैं

फला-फूला रहे यारब चमन मेरी उमीदों का
जिगर का खून दे-देकर ये बूटे मैंने पाले हैं

न पूछो मुझसे लज़्ज़त ख़ानमां बरबाद[4] रहने की
नशेमन[5] सैकड़ों मैंने बनाकर फूंक डाले हैं

उमीदे हूर ने सब कुछ सिखा रक्खा है वाइज़[6] को
ये हज़रत देखने में सीधे-सादे, भोले-भाले हैं

नहीं बेगानगी[7] अच्छी रफ़ीके राहे मंज़िल[8] से
ठहर जा ऐ शरर![9] हम भी तो आख़िर मिटने वाले हैं

---

1. रंग-ढंग 2. स्वाद 3. सूई की नोक 4. बरबाद घर 5. घोंसला 6. धर्मोपदेशक 7. परायापन 8. सहयात्री 9. चिंगारी।

(116)

असर करे-न करे, सुन तो ले मेरी फ़रियाद
नहीं है दाद का तालिब[1] ये बन्दा ए आज़ाद

ठहर सका न हो रे चमन में खेमा ए गुल
यही है फ़सले बहारी[2] यही है बादे मुराद

कुसूरवार ओ ग़रीबउद्दयार हूं[3] लेकिन
तेरा ख़राबा फ़रिश्ते न कर सके आबाद

मेरी जफ़ा तल्बी[4] को दुआएं देता है
वो दश्ते सादा वो तेरा जहाने बे बुनियाद

ख़तरपसन्द[5] तबीअत को साज़गार नहीं
वो गुलिस्तां कि जहां घात में न हो सैयाद[6]

---

1. इच्छुक 2. वसन्त ऋतु 3. अपराधी और परदेसी 4. कठिनाइयां मांगना 5. ख़तरा पसन्द करने वाला 6. शिकारी।

(117)

उक़ाबी शान से झपटे थे जो बे बाल ओ पर[1] निकले
सितारे शाम को खूने शफ़क़[2] में डूबकर निकले

हुए मदफ़ने दरिया[3] ज़ेरे दरिया[4] तैरने वाले
तमांचे मौज के खाते थे जो बन कर गुहर[5] निकले

गुबारे रहगुज़र[6] हैं कीमिया[7] पर नाज़ था जिनको
जबीनें[8] ख़ाक पर रखते थे जो अक्सीरगर[9] निकले

हमारा नर्म रौ[10] क़ासिद[11] पयामे ज़िन्दगी[12] लाया
ख़बर देती थीं जिनको बिजलियां, वो बेख़बर निकले

हरम रुस्वा हुआ, पीरे हरम की कमनिगाही[13] से
जवानाने ततारी किस क़दर साहब नज़र[14] निकले

जहां में अह्ले ईमां सूरते खुरशीद जीते हैं
इधर डूबे, उधर निकले, इधर डूबे, इधर निकले

---

1. बाल और पंख 2. रक्त के समान आकाश की रसायान लालिमा 3. जल-समाधि 4. नदी के बीच में 5. मोती 6. रास्ते की धूल 7. कृत्य रसायान 8. माथा 9. प्रभावशाली 10. नाज़ुक मिज़ाज 11. पत्रवाहक 12. जीवन-सन्देश 13. संकीर्णता 14. गुण-दोष को पहचानने वाले।

(118)

ये पीराने कलीसा ओ हरम![1] ऐ वाए[2] मजबूरी
सिला[3] इनकी कदो काविश[4] का है सीनों की[5] बेनूरी[6]

यक़ीं[7] पैदा कर ऐ नादां! यक़ीं से हाथ आती है
वो दरवेशी कि जिसके सामने झुकती है फ़ग्फ़ूरी[8]

कभी हैरत, कभी मस्ती, कभी आहे सहरगाही[9]
बदलता है हज़ारों रंग मेरा दर्दे मह्जूरी [10]

हदे इदराक[11] से बाहर हैं बातें इश्को मस्ती की
समझ में इस क़दर आया कि दिल की मौत है दूरी

वो अपने हुस्न की मस्ती से हैं मज्बूरे पैदाई[12]
मेरी आंखों की बीनाई[13] में है असबाबे मस्तूरी[14]

फ़क़ीराने हरम के हाथ 'इक़बाल' आ गया क्यूंकर
मयस्सर[15] मीरो सुल्तां को नहीं शाहीने काफ़ूरी

---

1. ओ काबा और गिरजा के धर्मगुरुओ 2. हाय 3. पुरस्कार 4. तलाश 5. हृदय की 6. प्रकाशहीनता 7. विश्वास 8. बादशाहत 9. उषाकाल की आह 10. विरह की पीड़ा 11. बुद्धि की सीमा से 12. प्रकट होने को विवश 13. ज्योति 14. छिपने के साधन 15. उपलब्ध।

(119)

कभी ऐ हक़ीक़ते मुन्तज़र[1] नज़र आ लिबासे मजाज़[2] में
कि हज़ारों सिज्दे तड़प रहे हैं, मेरी जबीने-नियाज़[3] में

तू बचा-बचा के न रख इसे, तेरा आईना है वो आईना
कि शिकस्ता[4] हो तो अज़ीज़तर, है निगाहे आईनासाज़[5] में

न कहीं जहां में अमां[6] मिली, जो अमां मिली, तो कहां मिली
मिरे जुर्मे ख़ानाख़राब[7] को, तेरे अफ़्वे बन्दानवाज़[8] में

न वो इश्क़ में रही गरमियां, न वो हुस्न में रही शोखियां
न वो ग़ज़नवी में तड़प रही, न वो ख़म है जुल्फ़े अयाज़[9] में

जो मैं सर ब सिज्दा हुआ कभी, तो ज़मीं से आने लगी सदा
तेरा दिल तो है सनमआश्ना, तुझे क्या मिलेगा नमाज़ में

---

1. जिसका इन्तज़ार किया जाए 2. सांसारिक प्रेम का सम्बन्ध 3. श्रद्धावनत माथे में 4. टूटा हुआ 5. ईश्वर की नज़र में आईना बनाने वाला 6. शरण 7. घर का विनाश करने वाला अपराध 8. परमात्मा की कृपा 9. गज़नवी के प्रिय दास अयाज़ के बालों के पेचों में।

(120)

किया रिफ़अत[1] की लज़्ज़त[2] से न दिल को आश्ना[3] तूने
गुज़ारी उम्र पस्ती[4] में मिसाले नक्शे पा[5] तूने

फ़िदा करता रहा दिल को हसीनों की अदाओं पर
मगर देखी न उस आईने में अपनी अदा तूने

तअस्सुब[6] छोड़ नादां दहर[7] के आईना ख़ाने में
ये तस्वीरें हैं तेरी जिनको समझा है बुरा तूने

---

1. ऊंचाई 2. स्वाद 3. परिचित 4. गरीबी 5. पैरों के चिन्ह 6. पक्षपात 7. युग काल।

(121)

कुछ दिखाने-देखने का था तकाज़ा दूर पर
क्या ख़बर है तुझको ऐ दिल फ़ैसला क्योंकर हुआ

देखने वाले यहां जब देख लेते हैं तुझे
फिर ये वादा हश्र[1] का सब्र-आज़्मा क्योंकर हुआ

मौत का नुस्खा अभी बाक़ी है ऐ दर्दे फ़िराक़[2]
चारागर[3] दीवाना है मैं ला-दवा[4] क्योंकर हुआ

पुर्सिशे आमाल[5] से मक़सद[6] था रुसवाई मेरी
वरना ज़ाहिर था सभी कुछ क्यों हुआ क्योंकर हुआ

मेरे मिटने का तमाशा देखने की चीज़ थी
क्या बताऊं उनका-मेरा सामना क्योंकर हुआ

---

1. प्रलय 2. विरह की पीड़ा 3. चिकित्सक 4. लाइलाज 5. कर्मों का लेखा-जोखा 6. उद्देश्य।

(122)

अपनी जौलाँ-गाह ज़ेर-ए-आसमाँ समझा था मैं
आब ओ गिल के खेल को अपना जहाँ समझा था मैं

बे-हिजाबी से तिरी टूटा निगाहों का तिलिस्म[1]
इक रिदा-ए-नील-गूँ को आसमाँ समझा था मैं

कारवाँ[2] थक कर फ़ज़ा के पेच-ओ-ख़म में रह गया
मेहर ओ माह ओ मुश्तरी को हम-इनाँ समझा था मैं

इश्क़ की इक जस्त[3] ने तय कर दिया क़िस्सा तमाम
इस ज़मीन ओ आसमाँ को बे-कराँ समझा था मैं

कह गईं राज़-ए-मोहब्बत पर्दा-दारी-हा-ए-शौक़
थी फ़ुग़ाँ वो भी जिसे ज़ब्त-ए-फ़ुग़ाँ समझा था मैं

थी किसी दरमाँदा रह-रौ की सदा-ए-दर्दनाक
जिस को आवाज़-ए-रहील-ए-कारवाँ समझा था मैं

---

1. जादू 2. यात्री दल 3. उछाल

(123)

अफ़लाक[1] से आता है नालों का जवाब आख़िर
करते हैं ख़िताब आख़िर उठते हैं हिजाब आख़िर

अहवाल-ए-मोहब्बत में कुछ फ़र्क़ नहीं ऐसा
सोज़ ओ तब-ओ-ताब अव्वल सोज़ ओ तब-ओ-ताब आख़िर

मैं तुझ को बताता हूँ तक़दीर-ए-उमम क्या है
शमशीर-ओ-सिनाँ अव्वल ताऊस-ओ-रुबाब आख़िर

मय-ख़ाना-ए-यूरोप के दस्तूर निराले हैं
लाते हैं सुरूर अव्वल देते हैं शराब आख़िर

क्या दबदबा-ए-नादिर क्या शौकत-ए-तैमूरी
हो जाते हैं सब दफ़्तर ग़र्क़-ए-मय-ए-नाब आख़िर

ख़ल्वत[2] की घड़ी गुज़री जल्वत की घड़ी आई
छुटने को है बिजली से आग़ोश-ए-सहाब आख़िर

था ज़ब्त[3] बहुत मुश्किल इस सैल-ए-मआ'नी का
कह डाले क़लंदर ने असरार-ए-किताब आख़िर

---

1. प्रातः काल के उजाले 2.एकांत 3. बर्दाश्त

(124)

इक दानिश-ए-नूरानी इक दानिश-ए-बुरहानी
है दानिश-ए-बुरहानी[1] हैरत की फ़रावानी

इस पैकर-ए-ख़ाकी में इक शय है सो वो तेरी
मेरे लिए मुश्किल है इस शय की निगहबानी

अब क्या जो फ़ुग़ाँ मेरी पहुँची है सितारों तक
तू ने ही सिखाई थी मुझ को ये ग़ज़ल-ख़्वानी

हो नक़्श अगर बातिल तकरार से क्या हासिल
क्या तुझ को ख़ुश आती है आदम की ये अर्ज़ानी[2]

मुझ को तो सिखा दी है अफ़रंग ने ज़िंदीक़ी
इस दौर के मुल्ला हैं क्यूँ नंग-ए-मुसलमानी

तक़दीर शिकन क़ुव्वत बाक़ी है अभी इस में
नादाँ जिसे कहते हैं तक़दीर का ज़िंदानी

तेरे भी सनम-ख़ाने मेरे भी सनम-ख़ाने
दोनों के सनम ख़ाकी दोनों के सनम फ़ानी

---

1. बुद्धि का प्रमाण 2.तनाव

(125)

कभी ऐ हक़ीक़त-ए-मुंतज़र[1] नज़र आ लिबास-ए-मजाज़ में
कि हज़ारों सज्दे तड़प रहे हैं मिरी जबीन-ए-नियाज़[2] में

तरब-आशना-ए-ख़रोश[3] हो तो नवा है महरम-ए-गोश[4] हो
वो सरोद[5] क्या कि छुपा हुआ हो सुकूत-ए-पर्दा-ए-साज़[6] में

तू बचा बचा के न रख इसे तिरा आइना है वो आइना
कि शिकस्ता[7] हो तो अज़ीज़-तर[8] है निगाह-ए-आइना-साज़[9] में

दम-ए-तौफ़ किरमक-ए-शम्अ ने ये कहा कि वो असर-ए-कुहन
न तिरी हिकायत-ए-सोज़ में न मिरी हदीस-ए-गुदाज़ में

न कहीं जहाँ में अमाँ[10] मिली जो अमाँ मिली तो कहाँ मिली
मिरे जुर्म-ए-ख़ाना-ख़राब[11] को तिरे अफ़्व-ए-बंदा-नवाज़[12] में

न वो इश्क़ में रहीं गर्मियाँ न वो हुस्न में रहीं शोख़ियाँ
न वो ग़ज़नवी में तड़प रही न वो ख़म है ज़ुल्फ़-ए-अयाज़[13] मैं

मैं जो सर-ब-सज्दा[14] हुआ कभी तो ज़मीं से आने लगी सदा[15]
तिरा दिल तो है सनम-आश्ना[16] तुझे क्या मिलेगा नमाज़ में

---

1. चिर-प्रतीक्षित सच्चाई 2. विनम्र माथे 3. स्वयं को आन्नद-मयी ध्वनि में प्रकट कर 4. अपनी कृपा को किसी आवाज़ में प्रकट कर 5. स्वर माधुर्य,स्वरावली 6. साज़ की चुप्पी के पर्दे 7. टूटा हुआ 8. और भी अधिक प्रिय 9. शीशागर की दृष्टि 10. शरण 11. मेरे भटकाव के अपराध के लिए 12. दया मय, कृपालू पैरों 13. अयाज़ की ज़ुल्फों की लटें भी उतनी घुंघराली नहीं रहीं 14. प्रार्थना के लिए सर झुकाया 15. पुकार 16. हृदय से मूर्ति-पूजक

(126)

जब इश्क़ सिखाता है आदाब-ए-ख़ुद-आगाही
खुलते हैं ग़ुलामों पर असरार-ए-शहंशाही

'अत्तार' हो 'रूमी' हो 'राज़ी' हो 'ग़ज़ाली' हो
कुछ हाथ नहीं आता बे-आह-ए-सहर-गाही

नौमीद न हो इन से ऐ रहबर-ए-फ़रज़ाना
कम-कोश तो हैं लेकिन बे-ज़ौक़ नहीं राही

ऐ ताइर-ए-लाहूती उस रिज़्क़[1] से मौत अच्छी
जिस रिज़्क़ से आती हो पर्वाज़[2] में कोताही[3]

दारा ओ सिकंदर से वो मर्द-ए-फ़क़ीर औला
हो जिस की फ़क़ीरी में बू-ए-असदूल-लाही

आईन-ए-जवाँ-मर्दां हक़-गोई ओ बे-बाकी
अल्लाह के शेरों को आती नहीं रूबाही[4]

---

1. जीविका 2. उड़ान 3. कमी करना 4. चापलूसी

(127)

जुगनू की रौशनी है काशाना-ए-चमन में
या शम्अ' जल रही है फूलों की अंजुमन में

आया है आसमाँ से उड़ कर कोई सितारा
या जान पड़ गई है महताब[1] की किरन में

या शब की सल्तनत में दिन का सफ़ीर[2] आया
ग़ुर्बत[3] में आ के चमका गुमनाम था वतन में

तक्मा कोई गिरा है महताब की क़बा का
ज़र्रा है या नुमायाँ सूरज के पैरहन में

हुस्न-ए-क़दीम की इक पोशीदा ये झलक थी
ले आई जिस को क़ुदरत ख़ल्वत से अंजुमन में

छोटे से चाँद में है ज़ुल्मत भी रौशनी भी
निकला कभी गहन से आया कभी गहन में

1.चाँद 2.राजदूत 3.परदेश

(128)

न तख़्त-ओ-ताज में ने लश्कर-ओ-सिपाह में है
जो बात मर्द-ए-क़लंदर की बारगाह[1] में है

सनम-कदा है जहाँ और मर्द-ए-हक़ है ख़लील[2]
ये नुक्ता वो है कि पोशीदा ला-इलाह में है

वही जहाँ है तिरा जिस को तू करे पैदा
ये संग-ओ-ख़िश्त नहीं जो तिरी निगाह में है

मह ओ सितारा से आगे मक़ाम है जिस का
वो मुश्त-ए-ख़ाक अभी आवारगान-ए-राह में है

ख़बर मिली है ख़ुदायान-ए-बहर-ओ-बर से मुझे
फ़रंग रहगुज़र-ए-सैल-ए-बे-पनाह में है

तलाश उस की फ़ज़ाओं[3] में कर नसीब अपना
जहान-ए-ताज़ा मिरी आह-ए-सुब्ह-गाह में है

मिरे कदू को ग़नीमत[4] समझ कि बादा-ए-नाब
न मदरसे में है बाक़ी न ख़ानक़ाह[5] में है

---

1. दरबार 2.दोस्त 3.बहार 4.अच्छा 5.फकीरों और साधुओं की रहने की जगह

(129)

न तू ज़मीं के लिए है न आसमाँ के लिए
जहाँ है तेरे लिए तू नहीं जहाँ के लिए

ये अक़्ल ओ दिल हैं शरर[1] शोला-ए-मोहब्बत के
वो ख़ार-ओ-ख़स के लिए है ये नीस्ताँ के लिए

मक़ाम-ए-परवरिश-ए-आह-ओ-लाला है ये चमन
न सैर-ए-गुल के लिए है न आशियाँ के लिए

रहेगा रावी ओ नील ओ फ़ुरात[3] में कब तक
तिरा सफ़ीना कि है बहर-ए-बे-कराँ के लिए

निशान-ए-राह दिखाते थे जो सितारों को
तरस गए हैं किसी मर्द-ए-राह-दाँ के लिए

निगह बुलंद सुख़न दिल-नवाज़ जाँ पुर-सोज़
यही है रख़्त-ए-सफ़र मीर-ए-कारवाँ के लिए

ज़रा सी बात थी अंदेशा-ए-अजम ने उसे
बढ़ा दिया है फ़क़त ज़ेब-ए-दास्ताँ के लिए

मिरे गुलू में है इक नग़मा जिब्राईल-आशोब
संभाल कर जिसे रक्खा है ला-मकाँ के लिए

---

1. चिंगारी 2. ईख का खेत 3.दक्षिण पश्चिम एशिया की एक नदी

(130)

नाला[1] है बुलबुल-ए-शोरीदा तिरा ख़ाम अभी
अपने सीने में इसे और ज़रा थाम अभी

पुख़्ता होती है अगर मस्लहत-अंदेश हो अक़्ल
इश्क़ हो मस्लहत-अंदेश तो है ख़ाम[2] अभी

बे-ख़तर कूद पड़ा आतिश-ए-नमरूद में इश्क़
अक़्ल है महव-ए-तमाशा-ए-लब-ए-बाम अभी

इश्क़ फ़र्मूदा-ए-क़ासिद से सुबुक-गाम-ए-अमल
अक़्ल समझी ही नहीं म'अनी-ए-पैग़ाम अभी

शेवा-ए-इश्क़[3] है आज़ादी ओ दहर-आशेबी
तू है ज़ुन्नारी-ए-बुत-ख़ाना-ए-अय्याम अभी

उज़्र-ए-परहेज़ पे कहता है बिगड़ कर साक़ी
है तिरे दिल में वही काविश-ए-अंजाम अभी

सई-ए-पैहम है तराज़ू-कम-ओ-कैफ़-ए-हयात
तेरी मीज़ाँ है शुमार-ए-सहर-ओ-शाम अभी

अब्र-ए-नैसाँ ये तुनुक-बख़्शी-ए-शबनम कब तक
मेरे कोहसार[4] के लाले हैं तही-जाम अभी

बादा-गर्दान-ए-अजम वो अरबी मेरी शराब
मिरे साग़र से झिजकते हैं मय-आशाम[5] अभी

ख़बर 'इक़बाल' की लाई है गुलिस्ताँ से नसीम
नौ-गिरफ़्तार फड़कता है तह-ए-दाम अभी

1.फरियाद करता हुआ 2. जिस्म का वो मवाद जो पका न हो 3.प्यार का नियम 4.पर्वतमाला 5. शराब पीने वाला

(131)

दिल सोज़[1] से ख़ाली है निगह पाक नहीं है
फिर इस में अजब क्या कि तू बेबाक नहीं है

है ज़ौक़-ए-तजल्ली भी इसी ख़ाक में पिन्हाँ[2]
ग़ाफ़िल तू निरा साहिब-ए-इदराक नहीं है

वो आँख कि है सुर्मा-ए-अफ़रंग से रौशन
पुरकार ओ सुख़न-साज़ है नमनाक[3] नहीं है

क्या सूफ़ी ओ मुल्ला को ख़बर मेरे जुनूँ की
उन का सर-ए-दामन भी अभी चाक नहीं है

कब तक रहे महकूमी-ए-अंजुम[4] में मिरी ख़ाक
या मैं नहीं या गर्दिश-ए-अफ़्लाक नहीं है

बिजली हूँ नज़र कोह ओ बयाबाँ पे है मेरी
मेरे लिए शायाँ ख़स-ओ-ख़ाशाक नहीं है

आलम है फ़क़त मोमिन-ए-जाँबाज़ की मीरास[5]
मोमिन नहीं जो साहिब-ए-लौलाक नहीं है

---

1. दुःख 2. प्रेम 3. आसूंभरी 4. समय का फेर 5. विरासत

(132)

वो हर्फ़-ए-राज़[1] कि मुझ को सिखा गया है जुनूँ
ख़ुदा मुझे नफ़स-ए-जिबरईल दे तो कहूँ

सितारा क्या मिरी तक़दीर की ख़बर देगा
वो ख़ुद फ़राख़ी-ए-अफ़्लाक में है ख़्वार ओ ज़ुबूँ

हयात क्या है ख़याल ओ नज़र की मजज़ूबी[2]
ख़ुदी की मौत है अँदेशा-हा-ए-गूना-गूँ

अजब मज़ा है मुझे लज़्ज़त-ए-ख़ुदी दे कर
वो चाहते हैं कि मैं अपने आप में न रहूँ

ज़मीर-ए-पाक ओ निगाह-ए-बुलंद ओ मस्ती-ए-शौक़
न माल-ओ-दौलत-ए-क़ारूँ न फ़िक्र-ए-अफ़लातूँ

सबक़ मिला है ये मेराज-ए-मुस्तफ़ा से मुझे
कि आलम-ए-बशरीयत की ज़द में है गर्दूं

ये काएनात[3] अभी ना-तमाम है शायद
कि आ रही है दमादम सदा-ए-कुन-फ़यकूँ

इलाज आतिश-ए-'रूमी' के सोज़ में है तिरा
तिरी ख़िरद पे है ग़ालिब फ़िरंगियों का फ़ुसूँ

उसी के फ़ैज़ से मेरी निगाह है रौशन
उसी के फ़ैज़ से मेरे सुबू में है जेहूँ

1.लिखने का तरीका 2.ब्रह्मलीन 3. दुनिया

(133)

एजाज़ है किसी का या गर्दिश-ए-ज़माना[1]
टूटा है एशिया में सेहर-ए-फ़िरंगियाना

तामीर-ए-आशियाँ से मैं ने ये राज़ पाया
अह्ल-ए-नवा के हक़ में बिजली है आशियाना

ये बंदगी ख़ुदाई वो बंदगी गदाई
या बंदा-ए-ख़ुदा बन या बंदा-ए-ज़माना

ग़ाफ़िल[2] न हो ख़ुदी से कर अपनी पासबानी[3]
शायद किसी हरम का तू भी है आस्ताना[4]

ऐ ला इलाह के वारिस बाक़ी नहीं है तुझ में
गुफ़्तार-ए-दिलबराना किरदार-ए-क़ाहिराना

तेरी निगाह से दिल सीनों में काँपते थे
खोया गया है तेरा जज़्ब-ए-क़लंदराना

राज़-ए-हरम से शायद 'इक़बाल' बा-ख़बर है
हैं इस की गुफ़्तुगू के अंदाज़ महरमाना[5]

---

1. परिवर्तन का समय 2. लापरवाह 3.निरीक्षण 4. दहलीज 5. राज़ वाला

(134)

फ़ितरत[1] ने न बख़्शा मुझे अंदेशा-ए-चालाक
रखती है मगर ताक़त-ए-परवाज़ मिरी ख़ाक[2]

वो ख़ाक कि है जिस का जुनूँ सयक़ल-ए-इदराक
वो ख़ाक कि जिबरील की है जिस से क़बा चाक[3]

वो ख़ाक कि परवा-ए-नशेमन[4] नहीं रखती
चुनती नहीं पहना-ए-चमन से ख़स ओ ख़ाशाक[5]

इस ख़ाक को अल्लाह ने बख़्शे हैं वो आँसू
करती है चमक जिन की सितारों को अरक़-नाक

---

1. आदत 2.मिट्टी 3.कपड़े का फटा भाग 4 . घर की फ़िक्र 5. निरुपयोगी वस्तु

(135)

शुऊर ओ होश ओ ख़िरद का मोआमला है अजीब
मक़ाम-ए-शौक़ में हैं सब दिल ओ नज़र के रक़ीब

मैं जानता हूँ जमाअत[1] का हश्र क्या होगा
मसाइल-ए-नज़री में उलझ गया है ख़तीब[2]

अगरचे मेरे नशेमन का कर रहा है तवाफ़
मिरी नवा में नहीं ताइर-ए-चमन का नसीब

सुना है मैं ने सुख़न-रस है तुर्क-ए-उस्मानी
सुनाए कौन उसे 'इक़बाल' का ये शेर-ए-ग़रीब

समझ रहे हैं वो यूरोप को हम-जवार अपना
सितारे जिन के नशेमन[3] से हैं ज़ियादा क़रीब

1.समूह 2.धर्म उपदेशक 3.घर

(136)

हुआ न ज़ोर से उस के कोई गरेबाँ चाक
अगरचे[1] मग़रबियों का जुनूँ भी था चालाक

मय-ए-यक़ीं से ज़मीर-ए-हयात है पुर-सोज़
नसीब-ए-मदरसा या रब ये आब-ए-आतिश-नाक

उरूज-ए-आदम-ए-ख़ाकी के मुंतज़िर[2] हैं तमाम
ये कहकशाँ ये सितारे ये नील-गूँ अफ़्लाक

यही ज़माना-ए-हाज़िर की काएनात है क्या
दिमाग़ रौशन ओ दिल तीरा ओ निगह बेबाक

तू बे-बसर हो तो ये माना-ए-निगाह भी है
वगरना आग है मोमिन जहाँ ख़स ओ ख़ाशाक[3]

ज़माना अक़्ल को समझा हुआ है मिशअल-ए-राह
किसे ख़बर कि जुनूँ भी है साहिब-ए-इदराक

जहाँ तमाम है मीरास[4] मर्द-ए-मोमिन की
मिरे कलाम पे हुज्जत[5] है नुक्ता-ए-लौलाक

---

1. हालाँकि 2. इंतजार 3. कूड़ा खचरा 4. विरासत 5. दलील

(137)

हर इक मक़ाम से आगे गुज़र गया मह-ए-नौ
कमाल किस को मयस्सर हुआ है बे-तग-ओ-दौ

नफ़स[1] के ज़ोर से वो ग़ुंचा वा हुआ भी तो क्या
जिसे नसीब नहीं आफ़्ताब[2] का परतव

निगाह पाक है तेरी तो पाक है दिल भी
कि दिल को हक़ ने किया है निगाह का पैरव

पनप सका न ख़याबाँ में लाला-ए-दिल-सोज़
कि साज़गार नहीं ये जहान-ए-गंदुम-ओ-जौ

रहे न 'ऐबक' ओ 'ग़ौरी' के मारके बाक़ी
हमेशा ताज़ा ओ शीरीं है नग़्मा-ए-'ख़ुसरौ'

---

1. लम्हा 2. सूरज

(138)

फ़िक्र-ए-इन्सां पर तेरी हस्ती से यह रोशन हुआ
है पर मुर्ग़-तख़य्युल की रसाई ता कुजा
था सरापा रूह तो, बज़्म-ए-सुख़न पैकर तेरा
ज़ेब-ए-महफ़िल भी रहा, महफ़िल से पन्हां भी रहा

दीद तेरी आंख को इस हुस्न की मंज़ूर है
बन के सोज़-ए-ज़िन्दगी हर शै में जो मस्तूर है

महफ़िल हस्ती तेरी बरबत से है सरमाया दार
जिस तरह नदी के नग़मों से सुकूत-ए-कोहसार
तेरी फ़िरदौस तख़य्युल से है कुदरत की बहार
तेरी कुश्त-ए-फ़िक्र से उगते हैं आलम सबज़ा दार

ज़िन्दगी मुज़मिर[1] है तेरी शोख़ी-ए-तहरीर में
ताब गोयाई से जुंबिश है लब-ए-तस्वीर में

---

1. छुपी हुई

(139)

नत्क़ को सौ नाज़ हैं तेरे लब-ए-एजाज़ पर
महवे हैरत है सुरय्या रिफ़अत-ए-परवाज़ पर
शाहिद मज़मूं तसद्दुक़ है तेरे अंदाज़ पर
ख़न्दा ज़न है ग़ुनचा-ए-दिल्ली गुल-ए-शीराज़ पर

आह! तू उजड़ी हुई दिल्ली में आरामीदा[1] है
गुलशन-ए-दीमर में तेरा हम नवा ख़्वाबीदा है

लुत्फ़े गोयाई में तेरी हमसरी मुमकिन नहीं
हो तख़य्युल का न जब तक फ़िक्रे कामिल हमनशीं
हाय! अब क्या हो गई हिन्दुस्तां की सरज़मीं!
आह! ऐ नज़ारा आमोज़[2] निगाह नुक्ता में!

गेसू-ए-उर्दु अभी मन्नत पज़ीर शाना है
शमा यह सौदाई दिल सोज़ी परवाना है

ऐ-जहान आबाद! ऐ-गहवारा इल्म-ओ-हुनर
हैं सरापा नाला ख़ामोश तेरे बाम-ओ-दर
ज़र्रे-ज़र्रे में तेरे ख़्वाबीदा हैं शम्स-ओ-क़मर
यूं तो पोशीदा हैं तेरी ख़ाक में लाखों गुहर

दफ़न तुझ में कोई फ़ख़्र-ए-रोज़गार ऐसा भी है?
तुझ में पिन्हां कोई मोती आबदार[3] ऐसा भी है?

1.आराम करना 2. सीखा 3.चमकदार

(140)

लुत्फ़ हमसायेगी शम्स-ओ-क़मर[1] को छोड़ू
और इस ख़िदमते पैग़ाम-ए-सहर को छोड़ू

मेरे हक़ में तो नहीं तारों की बस्ती अच्छी
इस बुलंदी से ज़मीं वालों की पस्ती[2] अच्छी

आसमां क्या, अदम आबाद वतन है मेरा
सुबह का दामन सद-ए-चाक कफ़न है मेरा

मेरी क़िस्मत में हर रोज़ का मरना जीना
साक़ी मौत के हाथों से सबूही[3] पीना

न यह ख़िदमत, न यह इज़्ज़त न यह रिफ़अत अच्छी
इस घड़ी भर के चमकने से तो यह ज़ुल्मत[4] अच्छी

---

1. चांद-सूरज 2. पदोन्नति 3. शराब 4.अँधेरा

(141)

है तुझे वास्ता मज़ाहिर[1] से
और बातिन[2] से आश्ना हूं मैं

इल्म तुझ से तो मारिफ़त मुझ से
तू ख़ुदा जो, ख़ुदा नुमा हूं मैं

इल्म की इन्तेहा है बेताबी
इस मर्ज़ की मगर दवा हूं मैं

शमा तो महफ़िल सदाक़त की
हुस्न की बज़्म का दीया हूं मैं

तू ज़मान-ओ-मकां से रिश्ता बपा
ताइर सदरा-ए-आश्ना हूं मैं

किस बुलंदी पे है मक़ाम मेरा
अर्श रब-ए-जलील का हूं मैं

---

1. उपरी 2. आन्तरिक

(142)

परवाना तुझ से करता है ऐ शमा प्यार क्यों
यह जान बे क़रार है तुझ पर निसार क्यों

सीमाब वार रखती है तेरी अदा उसे
आदाबे इश्क़ तूने सिखाये हैं क्या उसे

करता है यह तवाफ़[1] तेरी जलवा गाह का
फूंका हुआ है क्या तेरी बर्क़े निगाह का

आज़ार मौत में उसे आराम जां है क्या
शोले में तेरे ज़िन्दगी जाविदां है क्या

ग़मख़ाना-ए-जहां में जो तेरी ज़िया न हो
इस तफ़तः[2] दिल का नख़्ले तमन्ना हरा ना हो

1. परिक्रमा 2. जला हुआ

(143)

फ़ुर्क़त आफ़ताब में खाती है पेच-ओ-ताब सुबह
चश्मे शफ़क़ है ख़ूं-फ़िशां शाम के लिये

रहती है क़ैस-ए-रोज़ को लैला-ए-शाम की हवस
अख़्तर-ए-सुबह मुज़तरिब ताब दवाम के लिये

कहता था क़ुत्बे आसमां क़ाफ़िला नजूम से
हमरहो! मैं तरस गया ल़ुत्फ़े ख़राम के लिये।

सोतों को नदियों का शौक़, बह का नदियों को शौक़
मौज-ए-बहू को तपिश माहे तमाम के लिये

हुस्न अज़ल के पर्दा लाल-ओ-गुल में है निहां
कहते हैं बे-क़रार है जलवा आम के लिये

राज़-ए-हयात पूछले ख़िज़्रे ख़ुजस्ता[1] गाम से
ज़िन्दा हर एक चीज़ है कोशिश-ए-नातमाम से

1. मुबारक

(144)

मुज़्तरिब[1] रखता है मेरा दिल-ए-बेताब मुझे
ऐन हस्ती है तड़प सूरते सीमाब मुझे
मौज है नाम मेरा, बह्र[2] है पायाब मुझे
हो न जंजीर कभी हलका-ए-गरदाब मुझे

आब में मिस्ल-ए-हवा हुआ जाता है तौसन[3] मेरा
ख़ार-ए-माही से न अटका कभी दामन मेरा

मैं उछलती हूं कभी जज़्ब-ए-मै कामिल से
जोश में सर को पटकती हूं कभी साहिल से
हूं वो रहरौ के मोहब्बत है मुझे मंज़िल से
क्यों तड़पती हूं यह पूछे कोई मेरे दिल से

ज़हमत तंगी-ए-दरिया से ग़ुरेज़ां हूं मैं
वुसअते बह की फ़ुर्क़त में परेशां हूं मैं

---

1. बेचैन 2. समुन्दर 3. घोड़ा

(145)

साया दिया शजर को परवाज़ दी हवा को
पानी को दी रवानी मौजों को बे-कली दी

हुस्न-ए-अज़ल की पैदा हर चीज़ में झलक है
इन्सां में वो सुख़न है, गुन्चे में वो चटक है

यह चांद आसमां का शायर का दिल है गोया
वां चांदनी है जो कुछ, यां दर्द की कसक है

अंदाज़-ए-गुफ़्तगु ने धोके दिये हैं वर्ना
नग़मा है बू-ए-बुलबुल, बू फूल की चहक है

कसरत[1] में होगया है वहदत[2] का राज़ मख़्फ़ी[3]
जुगनू में जो चमक है वो फूल में महक है

यह इख़्तिलाफ़[4], फिर क्यों हंगामों का महल हो
हर शै में जबके पनहां ख़ामोशी-ए-अज़ल हो

---

1. प्रचूरता 2. एकता 3. छुपा हुआ 4. विरोध

(146)

अता ऐसा बयां मुझको हुआ रंगी बयानों में
के बाम-ए-अर्श के ताइर[1] हैं मेरे हमज़ुबानों में

रुलाता है तेरा नज़ारा ऐ-हिन्दुस्तान मुझको
के इबरत ख़ेज़ है तेरा फ़साना सब फ़सानों में

छुपा कर आस्ती में बिजलियां रखी हैं गरदूं[2] ने
अनादिल[3] बाग़ के ग़ाफ़िल न बैठें आशियानों में

वतन की फ़िक्र कर नादां! मुसीबत आने वाली है
तेरी बरबादियों के मश्वरे हैं आसमानों में

न समझोगे तो मिट जाओगे ऐ-हिन्दुस्तां वालों
तुम्हारी दास्तां तक भी न होगी दास्तानों में

यही आईन-ए-कुदरत है, यही उसलूब-ए-फ़ित्रत है
जो है राह-ए-अमल में गामज़न महबूब-ए-फ़ित्रत है

---

1. पक्षी 2. आकाश 3. बुलबुलें

(147)

अता हुई है तुझे रोज़-ओ-शब की बेताबी
ख़बर नहीं के तू ख़ाकी है या के सीमाबी[1]

सुना है ख़ाक से तेरी नुमूद है, लेकिन
तेरी सिरिश्तर[2] में है कोकबी-ओ-महताबी

जमाल अपना अगर ख़्वाब में भी तू देखे
हज़ारों होश से ख़ुश्तर तेरी शकर ख़्वाबी

गिरां बहा है तेरा गिरया-ए-सहर गाही
उसी से है तेरे नख़्ले-कुहन की शादाबी

तेरी नवा से है बे पर्दा ज़िन्दगी का ज़मीर
के तेरे साज़ की फ़ित्रत ने की है मिज़राबी

---

1. पारे का बना हुआ 2. स्वभाव

(148)

गुलामी में न काम आती शमशीरें[1] न तदबीरें
जो हो ज़ौक़-ए-यक़ीं पैदा तो कट जाती हैं ज़ंजीरें

कोई अंदाज़ा कर सकता है उस के ज़ोरै बाज़ु का
निगाह मर्द-ए-मोमिन से बदल जाती है तक़दीरें

विलायत पादशाही, इल्म, अश्या की जहांगीरी
यह सब क्या हैं फ़क़त इक नुक़्ता-ए-इमां की तफ़्सीरें[2]

बराहीमी नज़र पैदा मगर मुश्किल से होती है
हवस छुप-छुप के सीनों में बना लेती हैं तस्वीरें

तमीज़ बन्द-ओ-आक़ा, फ़साद आदमीयत है
हज़र[3] ऐ चीरा-ए-दस्तां सख़्त हैं फ़ित्रत की ताज़ीरें

हक़ीक़त एक है हर शै की ख़ाकी हो के नूरी हो
लहु ख़ुर्शीद का टपके, अगर ज़र्रें का दिल चीरें

यक़ीं मुह्कम[4], अमल पैहम, मोहब्बत फ़ातहे आलम
जिहाद-ए-ज़िन्दगानी में हैं यह मर्दों की शमशीरें

---

1. तलवारें 2. टीकाएं 3. बचाव 4. दृढ़

(149)

यह काइनात छुपाती नहीं ज़मीर अपना
के ज़र्रे-ज़र्रे में है ज़ौक़ - आश्काराई

कुछ और ही नज़र आता है कारोबार जहां
निगाह-ए-शौक़ हो अगर शरीके बीनाई

इसी निगाह से महकूम कौम के फ़रज़न्द
हुये जहां में सज़ावार कार-ए-फ़रमाई

इसी निगाह में है क़ाहरी[1] व जब्बारी
इसी निगाह में है दिलबरी व रानाई

इसी निगाह से हर ज़र्रे को जुनूं मेरा
सिखा रहा है रह-ओ-रस्म दश्त-ए-पैमाई

निगाह-ए-शौक़ मयस्सर अगर नहीं तुझ को
तेरा वजूद है क़ल्ब-ओ-नज़र की रूसवाई

---

1. प्रकोप करने वाला

(150)

सर-ए-शाम एक मुर्ग़ नग़मा पैरा
किसी टहनी पे बैठा गा रहा था

चमकती चीज़ इक देखी ज़मीं पर
उड़ा ताइर[1] उसे जुगनू समझ कर

कहा जुगनू ने ओ मुर्ग़ नवा रेज़
न कर बेकस पे मुन्तक़ारे हवस तेज़

तुझे जिस ने चहक, गुल को महक दी
उसी अल्लाह ने मुझ को चमक दी

लिबास-ए-नूर में मस्तूर[2] हूं मैं
पतंगों के जहां में तूर[3] हूं मैं

चहक तेरी बहिश्ते गोश अगर है
चमक मेरी भी फ़िरदौसे नज़र है

---

1. पक्षी 2.लिखित 3. शाम

(151)

परों को मेरी कुदरत ने ज़िया[1] दी
तुझे उस ने सदा-ए-दिलरूबा दी

तेरी मिन्क़ार[2] को गाना सिखाया
मुझे गुलज़ार की मशाल बनाया

चमक बख़शी मुझे, आवाज़ तुझ को
दिया है सोज़ मुझ को, साज़ तुझ को

मुख़ालिफ़ साज़ का होता नहीं सोज़
जहां में साज़ का है हमनशीं सोज़

क़याम बज़म-ए-हस्ती है इन्हीं से
ज़हूर[3] ओज़-ओ-पस्ती[4] है इन्हीं से

हम-आहंगी से है महफ़िल जहां की
इसी से है बहार इस बोस्तां की

---

1. ज्योति 2. चोंच 3. उत्पत्ति 4. शिखर व पतन

(152)

थे दयार-ए-नौ ज़मी-ओ-आसमां मेरे लिये
वुसूअत-ऐ-आग़ोश मादर इक जहां मेरे लिये

थी हर एक जुंबिश निशान लुत्फ़-ए-जां मेरे लिये
हर्फ़-ए-बेमतलब थी ख़ुद मेरी ज़ुबां मेरे लिये

दर्द-ए-तिफ़ली[1] में अगर कोई रुलाता था मुझे
शौरिश-ए-ज़ंजीर दर में लुत्फ़ आता था मुझे

तकते रहना हाये वो पहरों तलक सुए क़मर
वो फटे बादल में बे-आवाज़ पा उस का सफ़र

पूछना रह-रह के उस के कोह-ओ-सहरा[2] की ख़बर
और वो हैरत दोरग़ मस्लिहत आमेज़ पर

आंख वक़्फ़े दीद थी लब माइल-ए-गुफ़्तार था
दिल न था मेरा सरापा ज़ौक़े इस्तिफ़्सार[3] था

---

1. बचपन के दर्द 2. पहाड़ व रेगिस्तान 3. जिज्ञासु

(153)

क़मर का ख़ौफ़ है के है ख़तरा सहर तुझ को
माल-ए-हुस्न की क्या मिल गयी ख़बर तुझ को

मता ए नूर[1] के लुट जाने का है डर तुझ को
है क्या हिरास फ़ना सूरत-ए-शरर तुझ को

ज़मीं से दूर दिया आसमां ने घर तुझ को
मिसाल माह-ए-अढ़ाई कबा-ए-ज़र तुझ को

ग़ज़ब है फिर तेरी नन्ही सी जान डरती है
तमाम रात तेरी कांपते गुज़रती है

चमकने वाले मुसाफ़िर! अजब यह बस्ती है
जो औरूज[2] एक का है दूसरे की पस्ती है

---

1. प्रकाश की पूंजी 2. ऊंचाई

(154)

बर्तर अज़-अंदेशा सूद-ओ-ज़ियां है ज़िन्दगी
है कभी जां और कभी तस्लीम-ए-जां है ज़िन्दगी

तू उसे पैमान-ए-इमरोज़ व फ़र्दा से न नाप
जाविदां, पैहम दवां, हर दम जवां है ज़िन्दगी

अपनी दुनिया आप पैदा कर अगर ज़िन्दों में है
सर आदम है ज़मीर क़ुन फ़ुकां है ज़िन्दगी

ज़िन्दगानी की हक़ीक़त कोहकन के दिल से पूछ
जू-ए-शेर व तेशा व संग-ए-गिरां है ज़िन्दगी

बन्दगी में घट के रह जाती है इक जू-ए-कम आब
और आज़ादी में बह-ए-बेकरां है ज़िन्दगी

आश्कारा है यह अपनी कुव्वत-ए-तस्ख़ीर[1] से
गरचे इक मिट्टी के पेकर में निहां है ज़िन्दगी

कुलज़ुम-ए-हस्ती[2] से तू उभरा है मानन्द-ए-हबाब[3]
इस ज़ियां ख़ाने में तेरा इम्तेहां है ज़िन्दगी

---

1. वशीभूत कसे के शर्त 2. नदी 3. बुलबुले की तरह

(155)

पर्दा चेहरे से उठा, अन्जुमन आराई कर
चश्म मेह्-ओ-मै-ओ-अंजुम को तमाशाई कर

तू जो बिजली है तो यह चमक पन्हां कब तक
बे हिजाबाना मेरे दिल से शनासाई कर

नफ़स गर्म की तासीर है ऐजाज़-ए-हयात
तेरे सीने में अगर है तो मसीहाई कर

कब तलक तूर पर दरयूज़ा गरी[1] मिस्ल कलीम
अपनी हस्ती से अयां शोलाए सीनाई कर

इस गुलिस्तां में नहीं हद से गुज़रना अच्छा
नाज़ भी कर तो बअनदाज़े रानाई कर

पहले खुद्दार तो मानन्द सिकन्दर होले
फिर जहां में हवस शौकत-ए-दाराई कर

मिल ही जायेगी कभी मंज़िल लैला इक़बाल
कोई दिन और अभी बादया पैमाई कर

1. मिसाल

(156)

ज़िन्दगी की आग का अंजाम ख़ाकस्तर नहीं
टूटना जिस का मुक़द्दर हो यह वो गौहर नहीं

ज़िन्दगी महबूब ऐसी दीद-ए-कुदरत में है
ज़ौक़ हिफ़्ज़-ए-ज़िन्दगी हर चीज़ की फ़ित्रत में है

मौत के हाथों से मिट सकता अगर नक़्श-ए-हयात
आम उस को यूं न कर देता निज़ाम-ए-काइनात

है अगर अर्ज़ा[1] तो समझो अजल[2] कुछ भी नहीं
जिस तरह सोने से जीने में ख़लल कुछ भी नहीं

आह! ग़ाफ़िल! मौत का राज़ निहां कुछ और है
नक्श की ना-पायदारी से अयां कुछ और है

1. सस्ता 2. मौत

(157)

जन्नत नज़ारा है नक़्श-ए-हवा बाला-ए-आब
मौज मुज़्तर तोड़ कर तामीर करती है हबाब

मौज के दामन में फिर उस को छुपा देती है यह
कितनी बेदर्दी से नक़्श अपना मिटा देती है यह

फिर न करसकती हबाब अपना अगर पैदा हवा
तोड़ने में उस के यूं होती न बे-पर्वा हवा

इस रविश का क्या असर है हैअते[1] तामीर पर
यह तो हुज्जत[2] है हवा की कुव्वत-ए-तामीर पर

फ़ित्रत-ए-हस्ती शहीद आरज़ू रहती ना हो
ख़ूब तर पैकर की इस को जुस्तुजु रहती न हो

---

1. आकृति 2. प्रमाण

(158)

तस्कीन[1] न हो जिस से वो राज़ बदल डालो
जो राज़ न रख पाए हमराज़ बदल डालो

तुम ने भी सुनी होगी बड़ी आम कहावत है
अंजाम का जो हो खतरा आगाज़[2] बदल डालो

पुर-सोज़[3] दिलों को जो मुस्कान न दे पाए
सुर ही न मिले जिस में वो साज़ बदल डालो

दुश्मन के इरादों को है ज़ाहिर अगर करना
तुम खेल वो ही खेलो, अंदाज़ बदल डालो

ऐ दोस्त! करो हिम्मत कुछ दूर सवेरा है
गर चाहते हो मंजिल तो परवाज़[4] बदल डालो

---

1. तसल्ली 2. शुरुआत 3. दु:खी 4. उड़ान

(159)

क्यूँ ज़ियांकार बनूँ, सूद फ़रामोश रहूँ
फ़िक्र-ए-फ़र्दा[1] न करूँ, महव[2]-ए-ग़म-ए-दोश रहूँ
नाले बुलबुल की सुनूँ और हमा-तन-गोश[3] रहूँ
हमनवा[4] मैं भी कोई गुल हूँ के ख़ामोश रहूँ।

जुरत-आमोज़[5] मेरी ताब-ए-सुख़न[6] है मुझको
शिकवा अल्लाह से ख़ाकम बदहन है मुझको

है बजा शेवा-ए-तसलीम में, मशहूर हैं हम
क़िस्सा-ए-दर्द सुनाते हैं कि मजबूर हैं हम
साज-ए-ख़ामोश हैं, फ़रियाद से मामूर हैं हम
नाला आता है अगर लब पे, तो माज़ूर हैं हम

ऐ ख़ुदा, शिकवा-ए-अरबाब-ए-वफ़ा भी सुन ले
ख़ूगर-ए-हम्द [7] से थोड़ा सा ग़िला भी सुन ले।

थी तो मौजूद अज़ल [8] से ही तेरी ज़ात-ए-क़दीम [9]
फूल था ज़ेब-ए-चमन, पर न परेशान थी शमीम[10]।
शर्त-ए-इंसाफ़ है ऐ साहिब-ए-अल्ताफ़-ए-अमीम [11]।
बू-ए-गुल फैलती किस तरह जो होती न नसीम [12]।

---

1. कल की चिन्ता 2. खोया रहना 3. चुपचाप सुनना 4. साथी 5. साहस सिखाने वाला 6. बातों का तेज 7. प्रशंसा करने के आदी 8. आदि 9. पुराने प्राणी 10. सुगंध 11. सार्वभौमिक 12. पवन

(160)

हमको जमहीयत-ए-ख़ातिर ये परेशानी थी
वरना उम्मत तेरी महबूब की दीवानी थी।

हमसे पहले था अजब तेरे जहाँ का मंज़र।
कहीं मस्जूद[1] थे पत्थर, कहीं माबूद[2]शजर[3]।
ख़ूगर-ए-पैकर-ए-महसूस[4] थी इंसा की नज़र।
मानता फ़िर अनदेखे खुदा को कोई क्यूंकर?

तुझको मालूम है लेता था कोई नाम तेरा।
कुव्वत-ए-बाज़ू-ए-मुस्लिम ने किया काम तेरा।

बस रहे थे यहीं सल्जूक[5] भी, तूरानी[6] भी।
अहल-ए-चीं चीन में, ईरान में सासानी[7] भी।
इसी मामूरे में आबाद थे यूनानी भी।
इसी दुनिया में यहूदी भी थे, नसरानी[8] भी।

पर तेरे नाम पर तलवार उठाई किसने?
बात जो बिगड़ी हुई थी वो बनाई किसने?

थे हमीं एक तेरे मअर का आराओं में।
खुश्कियों में कभी लड़ते, कभी दरियाओं में।
दी अज़ानें कभी योरोप के कलीशाओं[9] में।
कभी अफ़्रीक़ा के तपते हुए सेहराओं[10] में।

शान आँखों में न जँचती थी जहाँदारों की।
कलेमा[11] पढ़ते थे हम छाँव में तलवारों की।

हम जो जीते थे, तो जंगों की मुसीबत के लिए
और मरते थे तेरे नाम की अज़मत[12] के लिए।
थी न कुछ तेग़ ज़नी अपनी हुकूमत के लिए
सर बकफ़[13] फिरते थे क्या दहर[14] में दौलत के लिए?

कौम अपनी जो ज़रोमाल-ए-जहाँ पर मरती
बुत फरोशी के एवज़ बुत-शिकनी क्यों करती?

टल न सकते थे अगर जंग में अड़ जाते थे।
पाँव शेरों के भी मैदां से उखड़ जाते थे।
तुझ से सरकश हुआ कोई तो बिगड़ जाते थे।
तेग़[15] क्या चीज़ है, हम तोप से लड़ जाते थे।

नक़्श तौहीद[16] का हर दिल पे बिठाया हमने।
तेरे ख़ंज़र लिए पैग़ाम सुनाया हमने।

तू ही कह दे के, उखाड़ा दर-ए-ख़ैबर[17] किसने?
शहर कैसर[18] का जो था, उसको किया सर किसने?
तोड़े मख़्लूक[19] ख़ुदाबन्दों के पैकर[20] किसने?
काट कर रख दिये कुफ़्फ़ार[21] के लश्कर[22] किसने?

---

1. पूज्य 2. पूज्य 3. पेड़ 4. महसूस कर सकने वाली आकृति को (पूजने की) आदी 5. उत्तरपश्चिमी ईरान और पूर्वी तुर्की में दसवीं सदी का एक साम्राज्य 6. मध्य-एशियाई 7. पारसी 8. ईसाई 9. चर्च 10. रेगिस्तान 11. इस्लाम का सबसे ज्यादा प्रयुक्त वंदनवाक्य 12. महानता 13. हथेली पर 14. दुनिया 15. तलवार 16. एकत्व 17. ख़ैबर मदीना के पास एक स्थान है, जहाँ यहूदी रहा करते थे।18. सीज़र का अरबी नाम 19. बनाया हुआ 20. आकृति 21. काफ़िर का बहुवचन 22. सेना

(161)

किसने ठंडा किया आतिशकदा[1]-ए-ईरां को?
किसने फिर ज़िन्दा किया तज़कर-ए-यज़दां को?

कौन सी क़ौम फ़क़त[2] तेरी तलबगार हुई?
और तेरे लिए जहमतकश-ए-पैकार हुई?
किसकी शमशीर[3] जहाँगीर, जहाँदार हुई?
किसकी तक़दीर से दुनिया तेरी बेदार हुई?

किसकी हैबत [4] से सनम[5] सहमे हुए रहते थे?
मुँह के बल गिरके 'हु अल्लाह-ओ-अहद' कहते थे।

आ गया ऐन लड़ाई में अगर वक़्त-ए-नमाज़
क़िब्ला रू हो[6] के ज़मीं-बोस[7] हुई क़ौम-ए-हिजाज़ [8]।
एक ही सफ़ में खड़े हो गए महमूद -ओ- अयाज़ [9]
न कोई बन्दा रहा, और न कोई बन्दा नवाज़।

बन्दा ओ साहिब ओ मोहताज़ ओ ग़नी [10]एक हुए
तेरी सरकार में पहुँचे तो सभी एक हुए।

महफिल-ए-कौन-ओ मकामे सहर-ओ-शाम फ़िरे
मय-ए-तौहीद को लेकर सिफ़त-ए-जाम फिरे।
कोह-में दश्त [11] में लेकर तेरा पैग़ाम फिरे
और मालूम है तुझको कभी नाकाम फिरे?

दश्त-तो-दश्त हैं, दरिया भी न छोड़े हमने।
दहर-ए-ज़ुल्मात में दौड़ा दिये घोड़े हमने।

सिफ़हा-ए-दहर[12] से बातिल[13] को मिटाया हमने।
दौर-ए-इंसा को ग़ुलामी से छुड़ाया हमने।
तेरे काबे को ज़बीनों [14] पे बसाया हमने
तेरे क़ुरआन को सीनों से लगाया हमने।

फिर भी हमसे ये ग़िला है कि वफ़ादार नहीं?
हम वफ़ादार नहीं, तू भी तो दिलदार नहीं।

उम्मतें और भी हैं, उनमें गुनहगार भी हैं।
इजज़[15] वाले भी हैं, मस्त-ए-मय-ए-पिन्दार [16] भी हैं।
इनमें काहिल भी है, ग़ाफ़िल[17] भी हैं, हुशियार भी है
सैकड़ों हैं कि तेरे नाम से बेदार भी है।

रहमतें हैं तेरी अग़ियार[18] के काशानों पर।
बर्क गिरती है तो बेचारे मुसलमानों पर।

बुत सनमख़ानों में कहते हैं मुसलमान गए।
है खुशी उनको कि काबे के निगहबान गए।
मंज़िले-ए-दहर से ऊँटों के हदीख़्वान गए।
अपनी बगलों में दबाए हुए क़ुरान गए।

ज़िंदाज़न कुफ़्र है, एहसास तुझे है कि नहीं?
अपनी तौहीद का कुछ पास[19] तुझे है कि नहीं?

ये शियाकत नहीं, हैं उनके ख़ज़ाने मामूर।
नहीं महफिल में जिन्हें बात भी करने का शअउर।
कहर तो ये है कि काफिर को मिले रुद-ओ-खुसूर।
और बेचारों मुसलमानों को फ़कत वादा-ए-हूर।

अब वो अल्ताफ़[20] नहीं, हम पे इनायात[21] नहीं
बात ये क्या है कि पहली सी मुदारात नहीं?

क्यों मुसलमानों में है दौलत-ए-दुनिया नायाब?
तेरी कुदरत तो है वो, जिसकी न हद है न हिसाब।
तू जो चाहे तो उठे सीना-सहरा से हुबाब[22]।
रहरव-ए-दश्त सैली ज़ दहा मौज-ए सराब।

बाम-ए-अगियार है, रुसवाई है, नादारी है।
क्या तेरे नाम पे मरने का एवज़ ख़्वारी है?

बनी अगियार की अब चाहने वाली दुनिया।
रह गई अपने लिए एक ख़याली दुनिया।
हम तो रुख़सत हुए, औरों ने संभाली दुनिया।
फ़िर न कहना कि हुई तौहीद से खाली दुनिया।

---

1. अग्निगृह 2. सिर्फ़ 3. तलवार 4. डर 5. मूर्तियाँ 6. मक्के के रुख होकर 7. जमीन चूमना 8. मुस्लिम क़ौम। हिजाज़ वो अरबी प्रांत है जिसमें मक्का और मदीना हैं। 9. अयाज़ नाम का सुल्तान 10. धनाढ्य 11. रेगिस्तान 12. दुनिया का चेहरा 13. असत्य 14. भौंह 15. कमज़ोरी 16. अभिमानी17. नादान 18. दुश्मन 19. बचाने की चिंता 20. दया 21. मेहरबानी 22. बुलबुला

(162)

हम तो जीते हैं कि दुनिया में तेरा नाम रहे।
कहीं मुमकिन है कि साक़ी न रहे, जाम रहे?

तेरी महफिल भी गई चाहनेवाले भी गए।
शब की आहें भी गईं, जुगनूं के नाले भी गए।
दिल तुझे दे भी गए, अपना सिला ले भी गए।
आ के बैठे भी न थे और निकाले भी गए।

आए उश्शाक़[1], गए वादा-ए-फ़रदा लेकर।
अब उन्हें ढूँढ चराग-ए-रुख़-ज़ेबा लेकर।

दर्द-ए-लैला भी वही, क़ैस[2] का पहलू भी वही।
नज्द [3]के दश्त-ओ-जबल में रम-ए-आहू[4] भी वही।
इश्क़ का दिल भी वही, हुस्न का जादू भी वही।
उम्मत-ए-अहमद-मुरसल भी वही, तू भी वही।

फिर ये आज़ुर्दगी[5], ये ग़ैर-ए-सबब क्या मानी?
अपने शऽदाओं पर ये चश्म-ए-ग़ज़ब क्या मानी?

तुझकों छोड़ा कि रसूल-ए-अरबी[6] को छोड़ा?
बुतगरी पेशा किया, बुतशिकनी[7] को छोड़ा?
इश्क को, इश्क़ की आशुफ़्तासरी [8] को छोड़ा?
रस्म-ए-सलमान-ओ-उवैश-ए-क़रनी[9] को छोड़ा?

आग तकबीर[10] की सीनों में दबी रखते हैं
ज़िंदगी मिस्ल-ए-बिलाल-ए-हबसी रखते हैं।

इश्क़ की ख़ैर, वो पहली सी अदा भी न सही
ज्यादा पैमाई-ए-तस्लीम-ओ-रिज़ा भी न सही।
मुज़्तरिब[11] दिल सिफ़त-ए-क़िबलानुमा भी न सही
और पाबंदी-ए-आईन[12]-ए-वफ़ा भी न सही।

कभी हमसे कभी ग़ैरों से शनासाई [13] है।
बात कहने की नहीं, तू भी तो हरजाई है।

सर-ए-फ़ाराँ पे किया दीन को कामिल तूने।
इक इशारे में हज़ारों के लिए दिल तूने।
आतिश अंदोश किया इश्क़ का हासिल तूने।
फ़ूँक दी गर्मी-ए-रुख्सार से महफ़िल तूने।

आज क्यूँ सीने हमारे शराराबाज़ नहीं?
हम वही सोख़्ता सामां हैं, तुझे याद नहीं?

वादी ए नज्द में वो शोर-ए-सलासिल [14] न रहा।
क़ैस दीवाना-ए-नज़्ज़ारा-ए-महमिल न रहा।
हौसले वो न रहे, हम न रहे, दिल न रहा।
घर ये उजड़ा है कि तू रौनक-ए-महफ़िल न रहा।

ऐ ख़ुश आं रूज़ के आइ व बसद नाज़ आई।
बे हिजाबाने सू-ए-महफ़िल-ए-मा बाज़ आई।

बादाकश ग़ैर हैं, गुलशन में लब-ए-जू [15] बैठे
सुनते हैं जाम बकफ़[16], नग़मा-ए-कू-कू बैठे।
दूर हंगामा-ए-गुल्ज़ार से यकसू [17] बैठे
तेरे दीवाने भी है मुंतज़िर-ए-हू बैठे।

अपने परवानों को फ़िर ज़ौक-ए-ख़ुदअफ़रोज़ी[18] दे।
बर्के दैरीना[19] को फ़रमान-ए-जिगर सोज़ी दे।

क़ौम-ए-आवारा इनां ताब है फिर सू-ए-हिजाज़।
ले उड़ा बुलबुल-ए-बेपर को मदाके परवाज।
मुज़्तरिब बाग़ के हर गुंचे में है बू-ए-नियाज़।
तू ज़रा छेड़ तो दे तश्ना मिज़राब-ए-साज।

नगमें बेताब हैं तारों से निकलने के लिए।
तूर मुज़्तर हैं उसी आग में जलने के लिए।

मुश्किलें उम्मत-ए-मरहूम[20] की आसां कर दे।
मूर-ए-बेमायां को अंदोश-ए-सुलेमां कर दे।
जिन्स-ए-नायाब-ए-मुहब्बत[21] को फ़िर अरज़ां[22] कर दे
हिन्द के दैर नशीनों[23] को मुसल्मां कर दे।

जू-ए-ख़ून मीचकद अज़ हसरते दैरीना मा।
मीतपद नाला ब-निश्तर कदा-ए-सीना मा।[24]

बू-ए-गुल ले गई बेरूह-ए-चमन राज़-ए-चमन।
क्या क़यामत है कि ख़ुद फूल हैं ग़माज़-ए-चमन।
अहद-ए-गुल ख़त्म हुआ टूट गया साज़-ए-चमन।
उड़ गए डालियों से जमजमा-ए-परवाज़-ए-चमन।

---

1. आशिक़ का बहुवचन 2. लैला-मजनूं की कहानी में मजनूं का वास्तविक नाम क़ैस था। 3. मध्य अरब का रेगिस्तान 4. हिरण की चौकड़ी 5. चिढ़ाना 6. मुहम्मद 7. मूर्तियों को तोड़ना 8. रोमांच 9. क़रनी 10. ये स्वीकारना कि अल्लाह एक है और मुहम्मद उसका दूत था 11. बेचैन 12. नियम 13. जुड़ा 14. जंज़ीर 15. झरने के किनारे 16. हथेली पर 17. एक तरफ़ 18. खुद को जलाने का मज़ा 19. पुरानी बिज़ली 20. इस्लाम 21. ऐसे दुर्लभ प्रेमियों (यहाँ पर अर्थ मुस्लमानों से है) 22. सुलभ 23. पुराने देवियो की ख़िदमत करने वाले 24. फ़ारसी में लिखी पंक्ति का अर्थ है

(163)

एक बुलबुल है कि है महव-ए-तरन्नुम[1] अबतक।
इसके सीने में हैं नग़मों का तलातुम[2] अबतक।

क़ुमरियां साख़-ए-सनोबर[3] से गुरेज़ां भी हुई।
पत्तिया फूल की झड़-झड़ की परीशां भी हुई।
वो पुरानी रविशें बाग़ की वीरां भी हुई।
डालियां पैरहन-ए-बर्ग[4] से उरियां भी हुई।

क़ैद ए मौसम से तबीयत रही आज़ाद उसकी।
काश गुलशन में समझता कोई फ़रियाद उसकी।

लुत्फ़ मरने में है बाक़ी, न मज़ा जीने में।
कुछ मज़ा है तो यही ख़ून-ए-जिगर पीने में।
कितने बेताब हैं जौहर मेरे आईने में ।
किस क़दर जल्वे तड़पते है मेरे सीने में।

इस गुलिस्तां में मगर देखने वाले ही नहीं।
दाग़ जो सीने में रखते हैं वो लाले ही नहीं।

चाक इस बुलबुल ए तन्हा की नवां से दिल हों
जागने वाले इसी बांग-ए-दरा से दिल हों।
यानि फ़िर ज़िन्दा ना अहद-ए-वफ़ा से दिल हों
फिर उसी बादा ए तेरी ना के प्यासे दिल हों।

अजमी ख़ुम है तो क्या, मय तो हिजाज़ी[5] है मेरी।
नग़मा हिन्दी है तो क्या, लय तो हिजाज़ी है मेरी।

---

1. संगीत में खोया 2. तूफ़ान 3. एक प्रकार का पेड़ 4. पत्तियों का पहनावा 5. अरब का प्रांत जिसमें मक्का और मदीना हैं

(164)

सूरज बुनता है तारे ज़र से
दुनिया के लिए रिदाए-नूरी[1]

आलम है ख़ामोश-ओ-मस्त गोया
हर शय की नसीब है हुज़ूरी

दरिया कोहसार[2] चाँद- तारे
क्या जानें फ़िराक़ो-नासुबूरी

शायाँ[3] है मुझे ग़मे-जुदाई
यह ख़ाक है मरहमे-जुदाई

---

1. रोशन चादर 2. पर्वत 3. अभीष्ट

www.ingramcontent.com/pod-product-compliance
Lightning Source LLC
LaVergne TN
LVHW050037181026
850499LV00051B/2345
* 9 7 8 9 3 9 0 0 8 8 4 3 0 *